CÓMO PUBLICAR UN LIBRO EXITOSO

Descubre Cómo Aumentar las Probabilidades
de Escribir un Libro que Logre Ser Exitoso

FREDDIE REID

La información contenida en este documento se ofrece únicamente con fines informativos, y es universal como tal. La presentación de la información se realiza sin contrato y sin ningún tipo de garantía endosada.

El uso de marcas comerciales en este documento carece de consentimiento, y la publicación de la marca comercial no tiene ni el permiso ni el respaldo del propietario de la misma.

Todas las marcas comerciales dentro de este libro se usan solo para fines de aclaración y pertenecen a sus propietarios, quienes no están relacionados con este documento.

Índice

INTRODUCCIÓN: ¿Por qué escribir un libro?

RESPONDER a una pregunta con otra pregunta se conoce como "mayéutica". En la actualidad, se considera una grosería, aunque en la filosofía socrática es una necesidad.

Después de todo, ¿cómo podemos revelar la verdadera naturaleza de una pregunta hasta que hayamos cuestionado la propia pregunta? Pero cuando te preguntas por qué deberías escribir un libro, la respuesta es realmente otra pregunta: "¿Por qué no?"

Para muchos, el proceso es extraño y da miedo. De hecho, incluso para los que lo hemos hecho varias veces, el proceso sigue siendo extraño y aterrador. ¿Y si te quedas sin palabras? ¿Y si te quedas sin cosas de las que hablar? ¿Cuánto tiempo se necesita? ¿Me voy a convertir en un recluso?

Todas estas preguntas son válidas, incluso la de la reclusión.

Escribir un libro puede ser una empresa muy larga y apasionante.

Hay tres cualidades principales que se exigen a quienes se empeñan en escribir un libro:
1. Tiempo
2. Energía
3. Un buen sentido del humor

Muchos expertos en el tema dirán que hay que tener una trama intrigante y sólida, personajes relacionables y un estilo de escritura único para crear una ficción que valga la pena. Por su parte, los escritores de no ficción se consideran buenos en su arte si escriben de forma académica y se ciñen a hechos sólidos.

. . .

Mi contraargumento es que, aunque esos son puntos muy buenos, primero hay que tener un libro.

Los personajes más inspiradores no lograrán cambiar vidas con su historia, y el libro con los hechos más precisos del mundo nunca informará a un alma si el autor carece de tiempo, energía y buen humor para llevar a cabo el proceso de escritura. En mi opinión, el peor libro del mundo es el que nadie ha escrito.

¿Cuánto tiempo se tarda en escribir un libro? No hay una respuesta fija a esta pregunta. Un aspirante a autor puede abordar un tema por segmentos, investigando sobre la marcha y tomándose su tiempo para dar cuerpo a cada una de las secciones. Por otro lado, hay escritores que llevan tanto tiempo con una perspectiva deliciosa que pueden escribirla fácilmente en cuestión de días, haciendo sólo una pausa para comer, ir al baño y volver a comprobar los datos.

Por supuesto, es posible que te hayas metido en una situación en la que tengas que escribir un libro a tiempo para cumplir con un plazo específico. Esto puede ser tanto una bendición como una maldición, ya que te verás obligado a esforzarte para presentar la tarea requerida, pero puede que te estreses por mantenerte en el buen camino y centrarte en el tema en cuestión. Hay una cierta cantidad de delicadeza que se requiere para establecer y cumplir con los plazos, y vamos a echar un vistazo a lo que se necesita para permanecer fresco, tranquilo y sereno en la cara del reloj en otra sección.

Si está escribiendo un libro porque quiere escribirlo, y no porque nadie espera que lo haga, entonces puede prever que le llevará todo el tiempo que sea necesario.

Pero quizás, al menos en su primer esfuerzo, debería fijarse unos cuantos hitos que cumplir para que el proceso siga avanzando. Eso podría significar decidir dónde quieres empezar y terminar tu libro, crear una hipótesis que deba ser probada, o simplemente elegir un número de página y la fecha en la que esperas tener esa cantidad de páginas escritas.

La mayoría de los escritores pueden producir unos cuantos miles de palabras por sesión de escritura, pero también hacen mucho trabajo antes, durante y después del propio proceso de escritura. La cantidad de investigación que se puede llevar a cabo en un libro es absolutamente asombrosa. Puede que piense que la ficción se presta a una menor integridad de los hechos, pero aun así descubrirá que es importante averiguar si sus personajes pueden estar razonablemente al volante de ese vehículo específico dado el contexto de la historia, o encontrar las palabras descriptivas adecuadas para la arquitectura del escenario que está tratando de retratar. Al fin y al cabo, hay una clara diferencia entre "Generaciones de hiedra crecieron sin control en la fachada del viejo bungalow, que parecía desmoronarse ante nuestros ojos" y "Generaciones de hiedra crecieron sin control en las paredes de cristal del rascacielos, dándole un ambiente sorprendentemente acogedor".

Por lo tanto, cuando consideres la cantidad de tiempo que estás dispuesto a dedicar a un libro, ten en cuenta que no todos los momentos van a resultar en una pulsación productiva.

Retrocederás, borrarás, desharás, copiarás, pegarás, mirarás al abismo y te preguntarás qué has hecho, y volverás a la mesa de dibujo varias veces. También hablaremos de este proceso con más detalle más adelante. Pero por ahora, la respuesta a la eterna pregunta "¿Cuánto tiempo se tarda en escribir un libro?" puede responderse con "un mes" o "toda tu vida".

· · ·

Para gestionar todo este tiempo, también hay que tener energía. Estar sentado en una silla mientras se teclea durante horas puede provocar todo tipo de dolores: dolor de cuello y de espalda por estar sentado tanto tiempo, angustia en las muñecas por la posición antinatural que adoptamos para teclear e infinitos dolores de cabeza por estar mirando fijamente una pantalla.

Pero ninguna de estas dolencias físicas se compara con la tensión mental que supone intentar escribir un libro.

Según muchos escritores -y tal y como refuerzan activamente profesores, maestros y muchos sitios web sobre el tema-deberías ser capaz de registrar 2.000 palabras al día para ser considerado un escritor "eficaz" o "productivo".

El Mes Nacional de la Escritura de Novelas también anima a los escritores a ejercitar su mente y su espíritu escribiendo al menos 2.000 palabras cada día. Realmente, es una cifra admirable a la que aspirar, y establecer objetivos es extremadamente importante, como comentaremos en breve. Pero habrá días en los que, como ser humano que tiene otras cosas que hacer en su vida además de angustiarse y afanarse por un simple mamotreto, le daría lo mismo arrancarle sangre a una piedra que escribir algo coherente, por no decir significativo.

Algunos pueden llamar a esta aflicción "bloqueo del escritor". Yo lo llamo lo que realmente es: quedarse sin energía. Mental, física, emocional, espiritual... Cualquier déficit en estas categorías hará que el cerebro y las manos se nieguen obstinadamente a producir palabras en una página.

Y para colmo de males, no se puede salir adelante a la fuerza como un soldado que sangra profusamente y que marcha impasible entre las ráfagas de fusil y el terror implacable. Hay cosas que puedes hacer para redirigir la energía que tienes y posiblemente conjurar un poco de inspiración.

Todo escritor profesional tiene su propio arsenal de trucos para engañar al cerebro y hacerle creer que cualquier momento es bueno para escribir, pero éste es tu primer libro.

No es la devoción de tu vida (todavía). No te pagan (todavía). Eres una persona normal y corriente, escribiendo un único libro (eso crees) que no volverás a hacer (eso dices).

No necesitas conocer todos los consejos y trucos profesionales si no vas a ser un profesional, pero pueden ofrecerte cierta ayuda cuando inevitablemente te quedes sin energía. Si decides que necesitas esos consejos y trucos, los encontrarás en la sección "Recursos" al final de este libro.

En cuanto a la última receta, "un buen sentido del humor", debería parecer bastante lógico que el acto de escribir un libro sea intensamente ilógico. Tanto si se utiliza una máquina de escribir, un ordenador portátil, una pluma o un bolígrafo, no hay nada simple o sencillo en escribir un libro. Es simplemente una actividad necesaria a la que muchos nos sentimos atraídos.

Si no cumples con esa cuota de 2.000 palabras, debes tener el buen ánimo de simplemente seguir adelante y reconocer que mañana será otro día. Un día puede ser de 6.000 palabras. El día siguiente puede ser de apenas 6 palabras. Si te abrumas con la seriedad de estar "atrasado", te encontrarás creando estrés. El estrés es más conocido por su capacidad de minar toda la energía disponible. Sin energía, como hemos establecido, no hay libro. No te permitas estresarte.

Eso no quiere decir que sea importante permanecer alegre y encantador en todo momento. El arquetipo del artista o creador establece que debemos ser malhumorados, coléricos, deprimidos y estar siempre en medio de una agonía románticamente lastimosa. Mi sugerencia personal es que te comportes como lo harías normalmente. Permítete una pizca de perdón si las cosas no salen como te gustaría.

De hecho, para tu primer esfuerzo, te recomiendo que no te apliques ningún tipo de expectativas.

Establece hitos, pero no los grabes en piedra. En lugar de 2.000 palabras al día, plantéate: "Habré superado los años de infancia del tío Lester a finales de mes". De este modo, tienes un objetivo en mente para seguir avanzando, pero no se mide por letras, palabras u horas dedicadas a arañar tu obra maestra. En su lugar, puedes hacer un seguimiento de tu progreso según tu participación en el desarrollo de la historia que pretendes contar. Hacer que los hitos sean manejables es sólo una forma de mantener el sentido del humor mientras escribes tu primera obra.

También te recomiendo encarecidamente que te abstengas de editar mientras escribes. Por supuesto, puedes retroceder o tachar cualquier error ortográfico, y si miras la frase que acabas de escribir e inmediatamente se te ocurre una forma mejor de escribirla, entonces por supuesto que lo hagas.

Pero si te pasas todos los días agonizando sobre las últimas 2.000 palabras, nunca encontrarás las próximas 2.000. Algunos escritores llaman a esto "sprints", en los que crean una línea de meta para el día, y luego simplemente escriben, escriben, escriben hasta llegar a la línea de meta. No mires atrás; sigue poniendo una palabra tras otra. Habrá mucho tiempo para editar una vez que tengas un libro completo.

De hecho, una frase que hoy parece una auténtica basura puede convertirse en absoluta poesía una vez que hayas rellenado los párrafos siguientes.

· · ·

Concédase la gracia suficiente para no microgestionarse hasta que haya completado la tarea que tiene entre manos.

Y, por último, sobre el tema del "sentido del humor", quiero instarte a que recuerdes que una vez que hayas dado a luz a tu obra en el mundo, ya no te pertenecerá. Por supuesto, es tu material original. Todos los pensamientos que contiene son tuyos, y cualquier parecido o semejanza es pura coincidencia, etc., pero ya no es sólo tu bebé. Tu bebé va a ser leído por cualquiera que tenga en sus manos, y no va a significar para ellos lo que significa para ti.

Es decir, una vez que los pensamientos salen de tu cabeza y se plasman en el papel (o en la pantalla, según el formato que elijas), quienes consumen dichos pensamientos van a interpretarlos a su manera. Alguien con pensamientos, opiniones, experiencias y conocimientos diferentes va a ver tu trabajo y lo va a criticar basándose en lo que sabe.

Con un poco de suerte, su libro publicado atraerá al tipo de lector adecuado. Aquí es donde entra en juego el marketing inteligente, al que sin duda nos referiremos más adelante en este libro.

Pero, inevitablemente, tu libro llegará a manos de alguien que no lo entienda. Esta persona leerá lo que pueda e inmediatamente se lanzará a Internet para hacer saber a todo el mundo que su libro es un fajo de tonterías sin sentido que se utiliza mejor para apuntalar muebles torcidos. No todo el mundo te querrá ni apreciará tus esfuerzos. Recuerda que no se trata de algo personal, sino de una crítica en Internet.

Uno de mis primeros libros obtuvo una reseña que decía algo así como "todo lo que contiene este libro se puede encontrar en Internet". Era un libro de "cómo hacer". Mi primera reacción fue de sorpresa y horror. Pensé que había fracasado por completo. Luego, lo pensé realmente. La persona que escribió ese comentario no estaba equivocada: todo lo que aparece en el libro podría haberse encontrado en Internet. Pero si lo piensas, así es exactamente cómo funciona Internet. Si lo haces bien, deberías ser capaz de verificar cada dato de un libro de "cómo hacer" a través de Internet.

Me preocuparía más si no pudieras verificar el trabajo del autor en un escenario de no ficción, porque si el autor lo inventó todo, entonces es ficción, ¿no?

. . .

Independientemente de la semántica y las críticas, permítase desechar los comentarios duros.

Permítase tener paciencia y amabilidad consigo mismo durante todo el proceso, desde el trabajo previo hasta las revisiones y más allá. Reconozca que no va a ser fácil, pero acepte la seguridad de quienes han pasado por ello antes de que sea totalmente gratificante. Prepárate para montar un torbellino de emociones y aprende a darte un poco de gracia.

Si no lo haces, te aseguro que aprenderás todas estas cosas a lo largo del proceso de creación de tu primer libro. Pero es mucho más fácil si te mentalizas antes de escribir la primera palabra.

1

Antes de empezar a escribir

ANTES DE EMPEZAR A ESCRIBIR un libro, debe saber qué tipo de libro quiere escribir. En muchos casos, es más fácil decirlo que hacerlo. Hay algunos libros que se prestan fantásticamente a un género o formato concreto; por ejemplo, "Cómo escribir un libro" va a ser obviamente un libro de no ficción.

Podría inventarlo todo, pero es mucho más fácil decir la verdad que reinventar todo el proceso.

Además, ¿quién en la Tierra inventaría un lío como éste?

. . .

Pero para muchos autores, tienes que decidir qué hacer con tu concepto antes de ir más allá.

Ánimo a los aspirantes a escritores a que sueñen tanto como sea posible en esta fase. Obviamente, querrás bajar el tono cuando estés haciendo cosas traicioneras que requieran la máxima concentración, como conducir una carretilla elevadora a través de un almacén abarrotado o guiar una carreta Conestoga por puertos de montaña rocosos. Pero hay muchos momentos en los que podemos dejar el teléfono, la tableta o lo que sea que utilices para ocupar tu mente cuando no está en uso y hacer un poco de ensoñación constructiva. Así es como descubres de qué trata realmente tu libro.

Cuando pensamos en escribir un libro, tendemos a ponernos tensos y serios al respecto. En lugar de eso, piensa en un libro de la misma manera que piensas en lo que vas a comer cuando vas a la oficina a las 7:30 de la mañana.

Sueña con ello. Haz listas de deseos. Explora diferentes vías.

. . .

Piensa en las palabras que quieres utilizar. Piensa en algunos conceptos que te gustaría introducir y en cómo funcionarían juntos. Las palabras son como los Tinker Toys, los Legos, los Lincoln Logs o cualquier otro juguete de construcción que te guste utilizar en las analogías: encajan de muchas maneras diferentes, así que juega con ellas para averiguar cómo quieres utilizarlas. Mantén tus esfuerzos sueltos y naturales para que no suenen forzados, estresados o ansiosos cuando finalmente los escribas todos.

Si eres de los que les gusta el caos, entonces guardarás todo este trabajo previo en tu cabeza. Si te gusta proceder con la vida de una manera agradable y ordenada, entonces es posible que quieras tener un diario o bloc de notas para esto. A mí, personalmente, me estresan las notas. Si no puedo cumplir con mis notas, siento que he fracasado. Por lo tanto, la única prueba escrita que encontrarás de mi trabajo previo es mi investigación y mi propuesta de tabla de contenidos (TOC).

De hecho, mis propuestas de índice rara vez se parecen a mi producto final, así que ni siquiera estoy seguro de que puedan relacionarse forzosamente entre sí.

Por extraño que parezca, es posible que te lleve unos cuantos días o sueños resolver la simple pregunta de

"¿Qué va a ser mi libro?". De hecho, podría considerar que éste es su primer reto como autor: liberarse de sus propias expectativas y escribir un libro que refleje genuinamente el mensaje que quiere transmitir al público.

Si quieres escribir la historia de El Increíble Parcheezi Volador, el tío Lester, ¿cuál es la mejor manera de hacerlo?

¿Debería optar por un estilo de memorias familiares basadas en hechos y con entrevistas de la propia leyenda?

¿Debería escribirlo en formato de relato corto en tercera persona con un poco de licencia artística para dar a los relatos una calidad vívida y real? Podrías optar por la oscuridad y el misterio, empleando la perspectiva de la segunda persona para involucrar y sumergir al lector en la experiencia. Se pueden incluir coloquialismos locales para dar a conocer el entorno familiar y acogedor. Puede pintar un cuadro completo con descripciones abundantes, o puede permitir que el lector juegue con sus personajes en su propio escenario dejando todos los detalles a la imaginación con un juego de palabras mínimo. Hay muchas opciones, y todas te pertenecen.

· · ·

En los próximos capítulos, veremos cómo organizarse antes de escribir. El primer capítulo es para los que están preparados para caminar por el lado salvaje de la ficción, mientras que el segundo es para los que quieren seguir con las cosas raras que ya conocemos del formato de no ficción.

Permítanme arruinar sus ideas erróneas informándoles de que ninguno de los dos es más fácil que el otro, y que todos los escritores se ven profundamente desafiados por los libros que eligen escribir. En cualquier caso, aquí tienes algunos consejos sólidos que te ayudarán a organizarte antes de empezar a escribir.

Formar el hábito

Escribir es una de las competencias básicas de cualquier autoeditor de éxito. Yo vendo mis escritos en forma de libros electrónicos. Luego escribo entradas de blog para comercializar los libros electrónicos. Cuando empecé a escribir, me obligué a publicar todos los días. Incluso ahora, cuando atravieso una mala racha, aunque no esté orgulloso de lo que escribo, le doy a publicar.

. . .

¿No sé qué escribir en la conclusión? Pues lo publico de todos modos.

Para escribir simplemente hay que abrir el portátil y mover los dedos. Lo he hecho un millón de veces para todo, desde enviar correos electrónicos hasta buscar en Google.

Los actos físicos de muchos hábitos saludables y productivos son tan, tan fáciles, pero los convertimos en estos obstáculos monumentales en nuestra cabeza. Escribir es uno de ellos.

Rendición de cuentas

Llevaba unos dos años intentando iniciar y mantener un hábito de escritura. La tiranía llegó a su fin cuando probé esta sencilla estrategia. Una estrategia de la que había oído hablar una docena de veces pero que no me había molestado en probar...

Tengo un compañero de responsabilidad que me llama todos los días para asegurarse de que publico algo. La rendición de cuentas funciona porque añade presión social a un trabajo que de otro modo sería autodirigido.

Esto puede ser especialmente valioso si eres un empresario en solitario que no tiene socios o un jefe al que rendir cuentas todos los días.

Los compañeros de responsabilidad se ayudan mutuamente a poner en práctica y mantener sus compromisos y hábitos deseados mediante el seguimiento del progreso de cada uno.

Cuando me siento en el sofá para decidir si voy a escribir, pensando en el miedo irracional a poner el culo en la silla, abrir el portátil y mover los dedos, pienso en tener que decirle a mi compañero de responsabilidad que he fracasado. Es mucho más fácil fallar uno mismo que dejar que alguien si no, abajo.

Para encontrar un compañero de responsabilidad, puedes preguntar a tus amigos que se dediquen al desarrollo personal o publicar en los grupos pertinentes de Facebook.

Yo conocí a mi compañero a través de un grupo de emprendedores al que ambos pertenecemos.

· · ·

Intentamos llamarnos todos los días, ya que ambos estamos trabajando en los hábitos diarios. Sólo para comprobarlo en cinco minutos. Si no podemos conectarnos por teléfono, simplemente compartimos nuestra salida a través de Facebook messenger. Sin duda, recomiendo que nos comuniquemos a diario y, si es posible, por teléfono.

Los compañeros de responsabilidad pueden ser extremadamente útiles, y probablemente no soy la primera persona que te lo dice. Así que pruébalo y comprueba si te ayuda a que esos hábitos se mantengan, como me ha ocurrido a mí. Puede ser especialmente útil cuando empiezas una gran aventura como la autopublicación de un libro, así que te lo aconsejo encarecidamente.

Cómo superar el bloqueo del escritor

¿Alguna vez has visto una película en la que el villano dice algo como "puedes correr, pero no puedes esconderte" y te preguntas qué demonios significa eso?

Bueno, se aplica al bloqueo del escritor, porque no puedes esconderte de él. Tampoco puedes huir de él, lo mejor que puedes hacer es aprender a superarlo. Experimentar el bloqueo del escritor solía volverme loco.

Como autor autopublicado, la escritura es mi alma. Siempre tengo varias entradas de blog y libros en borrador, y más ideas en proyecto. Sin embargo, a menudo mi mayor problema es simplemente poner el culo en la silla, los dedos en las teclas y sustituir la página en blanco y el cursor parpadeante por mis pensamientos.

Desde finales de 2014, he sido una especie de máquina de crear contenidos. Estaba produciendo un libro aproximadamente una vez cada mes y medio. Incluso escribí un libro sobre Cómo escribir un libro en 10 días que escribí en sólo (¡adivinaste!) 10 días. Pero, no siempre fui así.

Para superar la procrastinación y coger el ritmo de la escritura, me obligué a escribir algo, cualquier cosa, todos los días. Ponte un horario y hazlo.

Empecé a hacerlo el día que decidí tomarme en serio la autopublicación, y seguirá siendo así hasta que mis dedos no puedan moverse más.

· · ·

Todos los días escribo sobre lo que más me obsesiona. Puede ser una conversación interesante que haya tenido, algo que haya aprendido recientemente, una estrategia o táctica que haya utilizado o una opinión que tenga sobre un acontecimiento actual.

Cada vez que paso unos días sin escribir, me resulta más difícil hacerlo. Me recuerda que tengo que volver a escribir todos los días. Escribir es como un músculo, si no lo ejercitas, se atrofia.

Empezar un libro desde cero es como empezar un nuevo régimen de ejercicios: hay que desarrollar el músculo, la habilidad, la flexibilidad, etc. para ponerse en forma para escribir. A partir de ahí, lo más importante es mantener los resultados.

Después de adquirir el hábito de escribir algo cada día, empecé a escribir entradas de blog más largas y valiosas que podía utilizar después en mis libros. Ya no necesitaba obligarme a escribir todos los días porque podía confiar en que publicaría un post valioso una vez por semana.

· · ·

Siempre que siento que el bloqueo del escritor me acecha, vuelvo a lo básico y me obligo a pulsar el botón de publicar.

Puntos clave

Seguro que hay un montón de gente hablando de las mejores estrategias para autopublicar un libro, pero eso no es todo lo que necesitas para llegar a la lista de los más vendidos.

Lo más difícil es simplemente empezar. Si no puedes empezar y mantenerte en ello, nunca ganarás dinero ni alcanzarás tus objetivos.

Cuando se trata de escribir, tus estrategias evolucionarán y mejorarán con el tiempo. No pasa nada si al principio no eres un buen escritor. La mejor manera de mejorar es practicando. Además, crear el hábito de escribir es igual de importante.

Nunca vas a encontrar tiempo para escribir, tienes que sacar tiempo para ello. Si sigues atascado, tengo dos soluciones más para ti. Si tienes el dinero y sabes cómo es la buena escritura, puedes contratar a profesionales independientes para que escriban por ti. O puedes utilizar la transcripción como forma de escribir más si no tienes mucho tiempo para sentarte a escribir.

Cómo escribir un libro que la gente quiera leer

No eres el único autor que se autopublica, créeme, hay mucha competencia ahí fuera. No importa cuál sea el tema o el nicho que hayas elegido, lo más probable es que haya muchos otros autores intentando vender contenidos similares.

Cuando empecé a escribir, creaba lo que creía que era un contenido valioso, pero mi Google Analytics me decía lo contrario. Sólo cuando aprendí las tácticas para escribir contenido impresionante que enumero a continuación, empecé a ver el tráfico a mi sitio que conduce a una mayor audiencia para mis libros. Para ser un autor auto-publicado con éxito, tienes que escribir un contenido mejor que el resto. Así es como puedes hacerlo.

Proporcionar valor

. . .

Lo importante de un buen libro es aportar valor a los lectores. Engánchalos creando una historia entretenida, pero asegúrate de que también saquen algo útil de ella. No se limite a entretener; eduque. Si no aportas un valor real, los lectores pueden sentir que están recibiendo un trato injusto.

¿Cómo aporta valor? A continuación, algunos ejemplos:

Escuche las preguntas

Es importante prestar atención a lo que su público quiere aprender. Asegúrate de leer los correos electrónicos de tus lectores y sé consciente y presta atención a lo que la gente te pide.

Por ejemplo, recibo muchos correos electrónicos de personas que me preguntan dónde deberían hacer guest blogging y cómo hacerlo. Después de recibir la misma pregunta varias veces, escribí una entrada entera en mi blog sobre ello. Luego, seguí recibiendo más preguntas, ¡así que escribí un libro electrónico completo sobre ello!

· · ·

¿Tiene respuestas para las preguntas que se hacen sus lectores? Si es así, ¿hay alguna forma de ofrecer estas respuestas a través de su libro? Prestar atención a esto, ya que es una gran manera de evaluar la demanda y saber qué contenido ofrecer.

Utilice el planificador de palabras clave

Cuando pienses en lo que vas a escribir, consulta tu investigación de palabras clave. Aprovecha el planificador de palabras clave de Google. Hacer esto te permite moldear el contenido que vas a escribir, a lo que tu público objetivo está buscando. Si lo están buscando en Google, es un claro indicio de demanda.

Hacer lo que ya funciona

El hecho de que otra persona haya escrito sobre el tema no significa que no puedas darle tu propio giro o hacerlo mejor. Por supuesto, tendrás que encontrar una forma creativa de hacer que tu libro sea diferente de los demás (nunca plagies), pero definitivamente se puede hacer.

· · ·

Hay sitios que puedes utilizar para comprobar qué tipo de contenido se comparte y cómo se clasifican las publicaciones.

Obsesión por ayudar a su público

Aportar valor es esencial para cualquier negocio. Si no aportas valor, ¿por qué te pagarían?

Utiliza tácticas de desarrollo de clientes para averiguar cuáles son los problemas de tu audiencia.

Valida la demanda de tus ideas y obtén comentarios sobre tu contenido.

Vaya a lo grande. Sea más específico, más transparente, más completo y más auténtico. Cuente historias. Los seres humanos se sienten atraídos de forma natural por las historias. No tenga miedo de compartir su experiencia personal y de proporcionar algunos puntos de partida de experiencias de la vida real.

Proporcionar valor a la gente es crucial para el éxito en cualquier negocio: ingresos pasivos, software, servicios o cualquier otro. La mejor manera de aportar valor es entender lo que busca tu audiencia y luego obsesionarte con ayudarles a encontrarlo.

Esto lo aprendí por las malas, después de dedicar horas y horas a un curso en vídeo sobre un tema que la gente demandaba poco.

Déjalo todo en la primera línea

Ahora más que nunca, nosotros, como consumidores, tenemos períodos de atención cortos. La tecnología móvil y los ordenadores cada vez más eficientes han hecho que nos veamos impulsados a encontrar el siguiente artículo, vídeo o artículo que nos dé gratificación.

Lo que la gente decide leer depende en gran medida de tener un titular atractivo (de ahí el auge de los títulos clickbait) y una introducción aún mejor que inspire al lector a seguir leyendo. Lo importante es que, para llamar la atención en Internet, tenemos que decirles por qué deberían dedicarnos algo de tiempo. Y hacerlo inmediatamente, no sea que desvíen su atención hacia alguien si no.

. . .

¿Cómo he captado tu atención al principio de este libro? Te conté un poco de mi propia historia para que supieras que he estado donde tú estás. Espero que el hecho de que te lo haya contado todo haya sido suficiente para engancharte lo suficiente como para seguir leyendo.

Al escribir la descripción de su libro para Amazon, es especialmente importante atraer a los lectores potenciales con la primera línea. Escriba algo pegadizo, sorprendente o que invite a la reflexión, que les tiente a seguir leyendo y, por supuesto, a comprar el libro para conocer la historia completa. A continuación, escriba una gran introducción que les anime a leer el resto del libro.

Pruebe primero sus temas

De forma aleatoria, un famoso cómico se deja caer por un pequeño micrófono abierto en Nueva York para hacer un set gratis y así poder probar sus nuevos chistes. ¿Por qué? Quiere asegurarse de que son divertidos (valiosos). Es mucho más seguro para él probar su nuevo material con un público de 200 personas que con uno de 20.000.

. . .

Antes de ponerte a escribir, prueba tus temas. Una de las formas en las que pruebo las ideas de un libro es escribiendo primero una entrada en el blog sobre el tema.

Si se me ocurre una idea para un libro o un capítulo, a veces simplemente tuiteo el título o algunos de los puntos principales antes de escribirlo. Sólo quiero ver si la gente responde o retuitea. Si hay compromiso con ese tuit es una indicación de que hay demanda.

Escribir requiere tiempo. Su tiempo es valioso. Así que es inteligente crear un "contenido mínimo viable" antes de pasar horas y horas creando el producto final. El contenido mínimo viable de un libro podría ser una entrada de blog.

Por lo tanto, escriba una entrada de blog para ver si eso consigue tracción para ese contenido o ese tema. El contenido mínimo viable para una entrada de blog podría ser un tuit o una publicación en Facebook en un grupo privado.

Sin duda, hay muchas maneras diferentes de empezar con algo pequeño y luego construir sobre ello. Ten en cuenta a tu público y escribe de forma que puedas atraer a más lectores y clientes sea como sea.

Impartir un seminario web o una clase en persona es otra forma de ponerse realmente delante de su público y obtener comentarios antes de empezar a escribir. Esto te permite obtener un feedback cualitativo de tu audiencia.

2

Para los aspirantes a escritores de ficción

No TENGO MÁS que admiración por los escritores de ficción.

He escrito mi parte de ficción, y he disfrutado del proceso, pero siempre me siento un poco cohibido cuando termino.

Acabo cuestionando y arrastrándome por una madriguera de "qué pasaría si". "¿Y si el personaje A hubiera tomado una decisión diferente en el capítulo 4?". "¿El diálogo del personaje B hace que suene como un gran idiota durante la gran escena del capítulo 10?". "¿Necesitamos siquiera al personaje C?" "¿Por qué me he concentrado tanto en describir esta cosa cuando apenas he mencionado aquella otra?". La ficción no es para los débiles de corazón o los que tienen dificultades para tomar decisiones. Al menos, no sin un editor comprensivo.

La escritura de ficción es una forma de contar historias sin límites.

Su historia puede tener lugar en cualquier lugar, en cualquier momento, con un reparto de cualquier personaje que pueda imaginar. ¿Quieres dejar a uno de los playboys multimillonarios de hoy en día en la Europa feudal del siglo XVI? Hazlo. ¿Necesitas que tus personajes salgan al espacio para un punto importante de la trama? Haz que construyan un cohete con piezas de coche. Mientras lo escribas, tus lectores te seguirán.

Aquí es donde entra la noción de géneros. Según el diccionario, un género es: una categoría de composición artística, musical o literaria caracterizada por un estilo, forma o contenido particular. La ciencia ficción, el romance, la fantasía, el mito, el misterio, el terror y la ficción histórica son sólo un puñado de ejemplos de diferentes géneros.

· · ·

Algunas historias mezclan algunos aspectos diferentes de los géneros estándar.

Lo más fascinante de todos los géneros es que cada uno toma el mundo tal y como lo conocemos y lo reinventa por completo. Por ejemplo, la serie de Harry Potter.

Aunque la historia se desarrolla en la Inglaterra actual, tal y como la conocemos, toda la sociedad de magos, con sus costumbres culturales, su lenguaje y sus rasgos biológicos, ha sido inventada por la autora J.K. Rowling. Hay suficiente realidad para que entendamos los rasgos de carácter, las emociones y las acciones de sus personajes, pero el mundo de la fantasía procede completamente de la mente de la autora.

¿Significa eso que hay que inventar un mundo entero para escribir un buen libro de ficción? No necesariamente, pero hay que evocar un mundo suficiente para que su historia tenga un lugar donde pueda ocurrir razonablemente.

Aunque tu mundo ficticio no sea tangible, como autor, sabes exactamente dónde se cruzan la calle principal y la primera avenida. Sabe qué conduce todo el mundo y dónde cena.

Los alimentos se compran en uno de los tres supermercados, aunque en verano hay un mercado agrícola. La gente presumida es de un barrio, y la zona "al otro lado de las vías" está marcada por una ubicación geográfica concreta.

Entonces, ¿qué pasa si no estás utilizando una época o un lugar con el que estés tan familiarizado?

Pues que empiezas a investigar y a aprender lo que necesitas saber para crear un lugar propio.

Pero nos estamos adelantando un poco. Por ahora, zanjamos el debate de "¿qué es la ficción?" con "un relato que sale totalmente de tu imaginación, generalmente suscrito a uno o varios géneros literarios".

¿Qué se necesita para escribir una obra de ficción espectacular que todo el mundo quiera leer?

· · ·

Necesitarás ese mundo del que acabamos de hablar, y del que seguiremos hablando con más detalle. Tendrás que presentar personajes que interesen a los lectores. Esos personajes tendrán que verse envueltos en un gran conflicto que se desarrolle a lo largo del relato antes de llegar a un punto de inflexión culminante. A continuación, hay una forma de resolución o desenlace en la que todos los hilos que cuelgan de la historia llegan a una conclusión.

Suena muy sencillo, ¿verdad? Excepto que si escribieras una historia tan sencilla como esa descripción, sería una frase.

"Bil, un tipo apuesto de poco más de 30 años, se despertó una mañana y estuvo a punto de caerse por las escaleras; sin embargo, recuperó el equilibrio agarrándose a la barandilla y continuó por la puerta hacia su insatisfactorio trabajo en el comercio minorista".

Por definición, esa es una historia completa, pero probablemente no va a vender millones de copias, y la película sería increíblemente corta.

. . .

Por lo tanto, una buena historia de ficción tiene que tener más propósito que eso. Aquí es donde entra el trabajo y cuando mucha gente abandona la idea de escribir un libro en primer lugar. Hay un montón de pequeños detalles confusos que hay que averiguar antes de empezar a escribir, de lo contrario acabas con una tontería de flujo de conciencia... a menos que eso sea lo que querías en primer lugar, con todo el respeto a los Nobel americanos.

Para empezar tu obra de ficción, necesitarás un mapa de personajes y un esquema de la trama.

Algunos escritores experimentados recomiendan empezar por los personajes, mientras que otros recomiendan empezar por la trama. En mi opinión, ambos son increíblemente importantes, por lo que me resulta difícil ignorar uno en favor del otro. Sin embargo, habrá que esbozar ambos, y a menos que tengas la asombrosa habilidad de poder escribir dos cosas diferentes con cada mano simultáneamente, tendrás que ocuparte de ellos de uno en uno.

El mapa de personajes

El mapa de personajes puede ser un mapa literal, como su nombre indica, o una hoja de cálculo de Excel, o una lista muy organizada. Puedes utilizar imágenes para visualizar a tus personajes o anotar los detalles de su apariencia. El objetivo de un mapa de personajes es poner de manifiesto todos los personajes potenciales de tu historia, establecer quiénes son y cómo están conectados entre sí, y decidir los papeles que desempeñan dentro de tu historia. Hay muchas plantillas de mapas de personajes disponibles en Internet, algunas de las cuales he enlazado al final de este libro; sin embargo, también tienes la opción de enumerar esta información de forma libre de la manera que tenga sentido para ti.

Esta última frase, "de una manera que tenga sentido para ti", es realmente crucial para el trabajo previo. Tus notas deben ser lo suficientemente completas como para que puedas echarles un vistazo y saber exactamente lo que quieres decir. Esto puede ser algo difícil si tus personajes te sacan de un sueño profundo o mientras cambias de carril en una autopista importante, pero sé tan detallado como sea seguro y cuerdo al hacer tus notas. No hay nada más frustrante que mirar tus notas y ver algo tan vago como "no te olvides del pelo de Elizabeth" para darte cuenta de que no sólo te has olvidado del pelo de Elizabeth, sino de quién es Elizabeth en primer lugar.

. . .

En su lugar, algo como "Elizabeth, la hermana de Penn, siempre se cepilla el pelo, razón por la que Penn está implicado en la escena del crimen cuando se descubre un largo pelo rubio en el cuerpo", te servirá mejor para mantener todo y a todos organizados.

¿Quiénes son tus personajes? ¿A quién incluyes en tu mapa?

El protagonista, por supuesto, o el héroe de su historia. El término "héroe" no significa que tenga que comportarse como Superman o el Capitán América. En cambio, indica que son las acciones hacia y de esta persona, junto con sus reacciones, las que ayudarán a desarrollar la trama de este cuento. Puede haber más de un protagonista, aunque, en general, sólo uno asume el papel principal. Por ejemplo, en la serie de Harry Potter hay muchos magos y brujas que hacen que las cosas avancen, pero también hay una razón por la que no se llama la serie de Harry y sus amigos. El joven Harry está escrito en un papel que requiere un trabajo pesado, emocionalmente hablando, por lo que es el protagonista principal.

Luego está el antagonista. Tradicionalmente, pensamos en el antagonista como el "malo" o el "villano". Esto es un poco erróneo porque el antagonista no está obligado a ser moralmente malo; en cambio, este personaje se opone al protagonista.

Ayudan a generar y perpetuar el conflicto en el centro de la historia. Los padres de Romeo y Julieta, por ejemplo, no son intrínsecamente malos.

Simplemente son partícipes de una larga disputa.

Técnicamente, es la disputa familiar -y su participación en ella-lo que provoca el trágico final de la vida de los amantes.

Pero se les sigue considerando los antagonistas de su historia.

Por lo tanto, cuando sueñes con tus personajes, piensa menos en términos de "tipo bueno/tipo malo" y más en términos de "personas que perpetúan opiniones conflicti-vas". A partir de ahí, tú eliges si quieres enfatizar la mora-lidad o la maldad de sus papeles.

· · ·

Luego están los personajes secundarios. Los personajes secundarios tienen a menudo la reputación de ser algo secundario o sobrante, pero en realidad son la razón principal por la que la trama avanza en primer lugar. Se puede escribir una novela en la que el protagonista y el antagonista sólo interactúen entre sí. Sin embargo, desde el punto de vista del lector, suele ser útil contar con otros personajes para que la historia siga avanzando.

En La chica que amaba a Tom Gordon, de Stephen King, gran parte de la historia sigue a una niña que vaga sola por el bosque, aunque sabemos que tiene una familia que la espera. Su esperanza de reunirse con su familia -los personajes secundarios-es lo que hace avanzar la trama mientras ella deambula.

Los personajes secundarios hacen todo tipo de cosas maravillosas. Pueden demostrar las normas sociales. Pueden ser cajas de resonancia para el protagonista y el antagonista.

Pueden ser la voz de la razón o el abogado del diablo.

Pueden mostrar a los lectores la verdad que el protagonista y el antagonista no pueden ver porque están demasiado metidos en sus propios mundos. Pueden ser amigos, familiares, compañeros de casa, intereses amorosos o personas que han conseguido entrar en la misma tienda al mismo tiempo que uno de los personajes principales.

Entonces, ¿cuál es el número correcto de caracteres?

Depende en gran medida del uso que se haga de ellos. Un coro griego tradicional incluye hasta 50 intérpretes, pero no hay ningún requisito concreto.

Como autor, es tu prerrogativa dar voz a todos los ciudadanos de la ciudad o simplificar tu historia limitando el número de oradores con historias de fondo.

Hay que tener en cuenta algunas cosas a la hora de elegir tu lista de personajes, y el mapa que crees puede ayudarte a organizar estos principios de la creación de personajes. En primer lugar, hay una diferencia entre los personajes de pleno derecho y las personas que aparecen por casualidad en tu historia. Por ejemplo, si la escena tiene lugar en una tienda de comestibles, la anciana que pide ayuda para poner una sandía en su carro con el único propósito de interrumpir el hilo de pensamiento de tu protagonista no tiene por qué ser un personaje completo. Pregúntate si tiene sentido darle un nombre, una historia de fondo, un propósito completo en la trama, una relación con el protagonista y un papel específico en la búsqueda general. Puede, pero eso depende de ti y de cuánto tiempo quieras dedicar a detallar toda esta información a los lectores si no va a volver a aparecer.

A continuación, considere qué aportará un posible personaje a la trama general. Si, por ejemplo, decide escribir en el muy popular tropo de un triángulo amoroso, asegúrese de que tiene algo que ver con la historia. Si Matt está tratando de decidir si ama a Rebecca o a Renee, y el lector nunca conoce a Renee, entonces ¿por qué nos interesa? ¿Qué propósito tiene ella en la historia?

A menos que indiques muy claramente cómo la resistente pasión de Matt por la misteriosa e invisible fuerza de Renee está impidiendo su capacidad de comportarse adecuadamente, nublando su juicio o haciendo que haga cosas crueles a Rebecca, por ejemplo, entonces no es realmente importante que el lector sepa mucho sobre Renee.

Además, no es necesario escribir un dossier completo sobre cada persona que entra en el libro.

. . .

Esto puede parecer un conflicto directo con el consejo de "hacer que los personajes cuenten", pero en realidad es parte del mismo consejo. Intenta pensar en tus personajes como amigos que estás presentando a tu lector. No vas a compartir todos los detalles íntimos que conoces sobre ellos, como que su color favorito es el naranja, que su bebida favorita es el gin tonic y que la última vez que se cortaron el pelo fue en febrero, a menos que todos esos detalles sean importantes para la futura relación entre el personaje y el lector.

En el momento en que Maya se cuelga del lado de un helicóptero con un machete, volando hacia un edificio en llamas, no necesitamos saber que nació en un pequeño pueblo de Oklahoma, que le encantan las judías verdes y que una vez tuvo un pato de mascota llamado Pijama.

Sin embargo, sería útil saber qué pasó cuatro años entrenando con un equipo de gimnasia ruso como parte de su papel encubierto en la CIA, pero la forma en que decida revelar esa información al lector depende de usted como autor.

. . .

Por último, siempre es una buena idea dar a cada personaje una entrada, un deber y una salida, especialmente si hacen algo significativo dentro de la trama. Eso no significa que tengamos que seguirlos todos los días durante toda la historia, pero incluso la anciana del supermercado puede acercarse con su carrito al protagonista, pedirle ayuda y luego desaparecer obedientemente en el pasillo de "Cereales y desayunos". Que alguien aparezca, haga algo muy importante, deje una impresión duradera en la mente de los lectores y luego desaparezca como si nunca hubiera existido puede distraer y confundir a los lectores. Pueden marcharse, subirse a su coche y marcharse, volver a casa o ser raptados durante el clímax de tu historia, siempre y cuando tenga sentido dentro del contexto de la historia que dejen de aparecer.

Como puedes ver, hay mucho que organizar cuando se trata de crear personajes, lo que hace que el concepto de mapa de personajes sea muy útil. Puedes ver quién es quién, cuándo entran y salen de la historia, qué aportan a la trama y qué necesitamos saber de ellos para entender su papel.

Algunos escritores de gran talento pueden hacer todo esto sin tomar notas. Yo no soy uno de ellos.

· · ·

Por eso, siempre recomiendo a los que prueban todo esto de la "escritura" por primera vez que al menos empiecen con un mapa de personajes. Si resulta ser naturalmente organizado y preparado ante el caos, entonces no ha hecho nada que obstaculice el proceso, y si resulta que necesita un poco de ayuda con el proceso de organización, ¡entonces ya está preparado para el éxito!

El esquema de la trama

Junto con el mapa de personajes, tendrás que crear un esquema argumental. Un esquema de la trama te permite trazar un mapa de cómo vas a ir desde el punto A, es decir, la primera página de tu historia, hasta el punto B, cuando se produce la primera parte de la acción ascendente, hasta el punto C y así sucesivamente hasta que hayas llegado a la conclusión natural de tu historia.

Antes de que su cabeza empiece a girar ante la idea de haber mordido más de lo que puede masticar, retrocedamos un momento para ver qué constituye una trama:

1. Exposición o introducción
2. Acción ascendente
3. Clímax o punto de inflexión
4. Acción de caída

5. Resolución o desenlace

La exposición o introducción es precisamente eso. Esta sección de la historia establece dónde estamos, quiénes son los personajes y, en cierto sentido, por qué nos interesa.

Por supuesto, la introducción no tiene que ser en pentámetro yámbico; la prosa está bien.

Tampoco tienes que sentir la necesidad de ser tan rápido.

Dependiendo de la extensión de tu libro y de la historia que vayas a contar, puedes dedicar páginas y páginas y capítulos enteros a construir el punto de tu historia, siempre que todo lo que digas sea importante para el viaje.

Decidir lo que es importante para el viaje es el objetivo del esquema de la trama en primer lugar.

· · ·

Claro que puedes abrir un documento de Word e improvisar, pero tendrás que saber dónde están todos tus personajes en todo momento, qué subtramas se desarrollan y por qué, y, sobre todo, tendrás que averiguar por qué le importa todo esto a tu público.

Claro que es divertido escribir un montón de detalles íntimos y extravagantes, pero ¿quiere el lector previsto leer todo eso?

Por lo tanto, al crear la introducción de su cuento, piense en lo que sus lectores quieren o necesitan saber sobre el mundo en el que se preparan para entrar, y engánchelos escribiéndoles en el mismo tono en el que usted contaría esta historia si estuviera hablando en voz alta. Aunque nunca debes escribir un libro para nadie más que para ti mismo, debes comunicarte con palabras que enfaticen el mensaje que estás transmitiendo.

Una vez que haya hecho una introducción suficiente, es el momento de empezar a tejer la acción ascendente. Un error común de la primera vez es que la introducción/exposición y la acción ascendente no pueden ocurrir al mismo tiempo.

. . .

No hay ninguna fórmula concreta que establezca que las páginas 1 a 32 deban ser exclusivamente expositivas y que la acción ascendente deba comenzar en la página 33. Piensa en la cantidad de tipos de literatura que existen, en la cantidad de géneros y estilos que componen el mundo literario y en cómo el propio acto de contar una historia puede cambiar de forma incluso a medida que ésta se desarrolla.

Drácula, por ejemplo, se cuenta a través de cartas y entradas de diario. La serie de Harry Potter se cuenta en tercera persona. Ambas tratan de entrelazar la acción ascendente de diferentes maneras.

Si recuerdas de antes, mencioné que la lectura es fundamental, y esta es la razón. Para escribir un libro, hay que entender los libros. No te estoy sugiriendo que copies a ningún autor, ni que adoptes un tono totalmente distinto al tuyo, ni que hagas nada que pueda rozar el mundo del plagio. Lo que te pido es que leas mucho para que te hagas una idea de cómo funcionan los libros. Cuanto más leas, más opciones tendrás para entender cómo funciona tu propio libro.

· · ·

Tomemos, por ejemplo, dos de los libros mencionados hasta ahora: La acción ascendente en Drácula se desarrolla lentamente, a pequeños pasos, para invertir y asustar al lector.

Así pues, volvamos al esquema de la trama hasta ahora.

Tienes notas sobre lo que hay que cubrir en la exposición, y luego lo que esperas conseguir en la acción ascendente, y no estás del todo seguro de cómo vas a hacerlo. A algunos escritores les gusta dar cuerpo a las cosas a medida que van creando el esquema de la trama.

A otros, entre los que me incluyo, les gusta tener el esqueleto completo antes de empezar a añadir miembros.

Esto nos lleva al clímax, o punto de inflexión. Es el punto de no retorno. Todo el conflicto de tu historia hasta ahora nos ha llevado a este momento: la batalla final, el enfrentamiento, la gran decisión, el momento culminante. Es muy fácil eludir una gran escena culminante. De hecho, a lo largo de toda mi carrera escolar, recibí notas por "no hacer suficiente conflicto". No es necesario que tu historia tenga un gran estallido, pero sí debe hacer que el lector sienta y comprenda la diferencia entre el "antes", es decir, el mundo revelado en la exposición, y el "ahora", es decir, cómo serán las cosas después del clímax.

King realiza gloriosas escenas de batalla que reflejan realmente cómo nos enfrentamos a nuestros demonios, tanto internos como externos. Harry Potter saca la varita. Romeo y Julieta terminan sus vidas en una tumba. Todas las historias tienen algún acontecimiento importante en el que el protagonista se da cuenta de que no puede seguir haciendo las cosas como antes, y hace un cambio muy importante.

Algunos lo hacen con magia y veneno.

Una vez que hayas decidido cuál va a ser el clímax, puedes pensar de repente en todas las cosas que puedes incluir en la acción ascendente para ayudarte a llegar a ese punto. Escribe todas esas cosas, aunque entren en conflicto entre sí y no tengan sentido si se utilizan todas a la vez. El esbozo de la trama tiene que ver con las posibilidades y el potencial; las decisiones difíciles las tomarás después.

· · ·

A partir del clímax, hay que buscar la manera de volver a bajar. En general, las leyes de la gravedad se aplican a la literatura como a cualquier otra cosa, y la acción descendente lleva mucho menos tiempo que la acción ascendente. Básicamente, ahora que has entrado y sacudido todo haciendo que tu protagonista se enfrente a la lucha y el conflicto, has tenido el clímax, y ahora es el momento de limpiar todo.

Hace tiempo, un profesor de escritura nos dijo algo muy importante y lógico que, en nuestro afán por pertenecer a la élite literaria, habíamos olvidado: El propósito de la acción descendente no es hacer todo ordenado y digerible para el lector. Por el contrario, su objetivo es demostrar cómo las cosas son diferentes. Pasaste la introducción pintando un retrato de la vida en los "tiempos de antes". Pasaste innumerables páginas construyendo el drama y la tensión para demostrar cómo el cambio iba a ser difícil, entonces tienes el clímax en el que tu protagonista se ve obligado a hacer algún tipo de cambio importante. Ahora el lector necesita saber qué es diferente y por qué.

Esta acción descendente conduce a la resolución o desenlace. Aquí es donde se concluye la historia. Sin embargo, no tiene por qué ser el llamado "final" de las cosas. Si tienes en mente una secuela o una serie, puedes asegurarte de mantener suficientes puertas y ventanas metafóricas abiertas para permitir la siguiente historia. Otra opción es el tan comentado final ambiguo, en el que no sabemos si todo el mundo se fue a casa y tuvo un día maravilloso, si surgieron más conflictos o si el mundo en el que viven tus personajes simplemente desapareció. El propósito del final del libro no es necesariamente dejar las cosas claras y ordenadas, sino proporcionar un punto final a la historia que estás contando. Aunque en teoría se podría seguir escribiendo eternamente, los libros no funcionan así.

Terminar tu libro puede ser muy difícil por varias razones. Puede ser emotivo, ya que has pasado horas, días y meses hasta llegar a este punto. Es posible que te resulte difícil encontrar la manera de terminar el libro de forma que hayas atado todos los cabos sueltos sin precipitarte ni dar demasiadas explicaciones. Mantén la calma. No entres en pánico. Escribe lo que te parezca... bien.

Tómate un descanso. Lee lo que acabas de escribir. Tómate otra pausa para reflexionar. Toma notas. Vuelve a revisar y a retocar. Personalmente, recomiendo guardar cada versión de tu final, si no utilizas un programa que ya almacene un historial de versiones.

·   ·   ·

No tires tus garabatos al fuego o a la papelera hasta que estés absolutamente seguro de que no volverás a visitarlos.

Al terminar esta sección sobre la construcción de una trama, compartiré algo que sorprendentemente no se menciona a menudo en la comunidad de escritores: Todas estas cosas pueden cambiar. La primera versión de tu esquema argumental y el libro que realmente escribes pueden ser significativamente diferentes. Puede que empieces a escribir según el plan y te des cuenta de que tu antagonista nunca haría esa cosa, o que a tu protagonista no le importaría una situación concreta. Es completamente natural descubrir cosas nuevas y emocionantes sobre tus personajes y tu historia a medida que la vas escribiendo.

Y lo que es más importante, es importante que calmes cualquier reacción negativa que puedas tener ante estos cambios. Deja que ocurra. Escríbelo. Explora hacia dónde van las cosas. Si acaba estando totalmente fuera de lugar o haciéndote infeliz, vuelve al punto en el que crees que las cosas tomaron un rumbo equivocado y toma otra dirección.

. . .

No reprimas tu flujo creativo sólo porque pensabas que las cosas iban a ir por un camino muy concreto. Puede que descubras, como muchos otros antes que tú, que tienes más de una historia que te gustaría contar.

Y, por último, no temas si después de leer esto tienes muchas preguntas sobre el proceso de escritura propiamente dicho: en breve profundizaremos en esos detalles.

Hacer que todo sea "real"

Así que ahora que tienes todos los posibles personajes semi desarrollados y has creado un esquema básico de lo que piensas escribir, sólo te quedan dos tareas:
   1. Escribir un libro
   2. Hazlo bien

Súper sencillo, ¿verdad? Esta es la parte en la que puedes sentirte preparado y aterrorizado a partes iguales. Esto es normal. De hecho, esa sensación va a ser bastante normal de aquí en adelante. En cualquier caso, ahora es cuando las cosas empiezan a parecer "reales". Y como futuro autor, es tu trabajo hacerlo realmente "real".

· · ·

Entonces, ¿cómo consigue un autor que un mundo completamente falso, inventado, imaginado y totalmente artificioso se sienta "real" para el lector? Investigando, obteniendo recursos e incluso realizando entrevistas.

Es posible que al leer estas palabras se oponga activamente.

"¡Estoy inventando un mundo entero!

No necesito investigar". Siento mucho reventar tu burbuja, pero todo el mundo necesita investigar. Todo lo que imaginas se basa, en parte, en lo que reconocemos y entendemos en esta realidad. El tiempo que tardan tus personajes en viajar de un lugar imaginado a la siguiente ciudad se va a basar en tu comprensión de las distancias y en la velocidad de los viajes tal y como la conocemos, aunque utilicen un medio de transporte inventado específicamente por ti en este preciso momento. Desde el tipo de vivienda en la que viven, hasta el color de su planeta, pasando por la distancia a la estrella más cercana, vas a necesitar al menos una pizca de realidad en la que basar tu imaginación. ¿Y sabes qué es lo que hace una buena imaginación? Una investigación exhaustiva.

· · ·

Eso no quiere decir que todo en su historia tenga que ser absolutamente exacto. Los lectores perdonarán alguna trampa aquí y allá, si es que se dan cuenta. Pero cuando se describen personas, lugares, situaciones, animales e incluso la comida que hay en la mesa, ayuda tener una imagen mental clara de lo que se está describiendo. Las imágenes mentales se forman a partir de la experiencia de muchas personas, lugares, situaciones, animales, etc. Por lo tanto, dedicar tiempo a investigar estos puntos te ayudará a tener una visión más amplia de las posibilidades, lo que puede ayudarte a describirlos con todo lujo de detalle. La recompensa es que el lector se subirá a bordo sin rechistar.

La suspensión de la incredulidad es necesaria para que la ficción funcione. Cuanto más detalladas sean las descripciones, más preciso sea el recorrido por el nuevo mundo y más "real" parezca todo, aunque no lo sea en absoluto, más dispuestos estarán los lectores a abandonar cualquier idea preconcebida y a dejarse llevar.

Los recursos pueden venir en muchos paquetes diferentes. Si intentas captar la esencia de una experiencia, ya sea viajar a través del país, escalar una montaña, disparar al espacio o lo que sea que te apetezca, es una gran idea escuchar a aquellos que realmente han hecho esas cosas. Los blogs, los vlogs y los grupos de redes sociales de quienes tienen interés en esas actividades pueden ayudarte a conocer lo que la gente aprecia y detesta de esas actividades. Cuando escribes sobre ello como si fuera real, se convierte en algo real. Por lo tanto, tómate tu tiempo para ver lo que implica ese estilo de vida.

Es posible que desee realizar entrevistas, ya sea en persona, o por teléfono o correo electrónico/mensaje directo/etc., con aquellos que tienen experiencia en los temas sobre los que está escribiendo. En este momento, puede parecer una exageración para un libro de ficción, pero puede ser increíblemente gratificante obtener algunas perspectivas diferentes sobre una actividad particular, estilo de vida, escenario o aspecto de su libro sobre el que tiene poca experiencia o comprensión.

En mi propia experiencia, una vez me puse en contacto con un cabal ero que conocí a través de amigos comunes en relación con su coche. He conducido muchos coches en mi vida, pero no había conducido un Buick Riviera de 1971. Este señor tenía un Riviera de 1973. Lo llevamos a dar una vuelta y le hice preguntas sobre el mantenimiento, la dirección, el consumo de gasolina e incluso me dejó pulsar todos los botones. No utilicé necesariamente todos los detalles de los que hablamos, pero me sentí mucho más seguro sobre la frecuencia con la que hacía que mi personaje parara a repostar en su viaje, y su radio tenía el mismo fallo que el vehículo de mi nuevo amigo.

La escena resultaba mucho más creíble con descripciones seguras, en lugar de referirse vagamente al automóvil y esperar que nadie pensara demasiado en ello.

Podría seguir hablando eternamente de las ventajas de hacer una investigación sustancial, pero para no alargarme, le dejaré con esta reflexión: Si en algún momento te preguntas cómo puedes hacer que tu libro sea un poco más rico, que tus descripciones sean un poco más profundas y que tu mundo sea un poco más envolvente, plantéate ir a la web o abrir un libro para hacer un esfuerzo adicional en tu investigación.

A fin de cuentas, lo que hagas antes de empezar a escribir tu novela depende de ti.

Ciertamente, recomiendo un mapa de personajes y un esquema de la trama, y te animo a que investigues todo lo posible antes de empezar, pero a veces esa pequeña palabra, "posible", se interpone en el camino. Para algunos escritores, la mejor manera de empezar es sentarse y empezar a escribir, rellenar el mapa de personajes por el camino y anotar el esquema de la trama a medida que se va pensando en ella, garabateando con una mano mientras la otra intenta escribir. Yo mismo me he despertado alguna vez con una historia que ardía tanto que no tuve más remedio que abrir el portátil a las dos de la madrugada y empezar a teclear todo lo que se me ocurría. Dicho esto, una vez que llegaba al punto en que el gusano del cerebro se detenía y volvía a estar solo, puedes apostar que tenía mi cuaderno fuera, escribiendo todo lo que sabía sobre los personajes y hacia dónde se dirigían.

En palabras de uno de mis mentores, "no me importa cómo se organice, ¡pero que tenga sentido!"

Es decir, si necesitas escribir un poco antes de crear tu mapa y tu esquema, hazlo. Sin embargo, diré que cuanto antes empieces a organizarte en el proceso, más fácil te resultará seguir organizándote, sobre todo en lo que respecta a las pequeñas minucias, como los personajes pequeños pero muy importantes o los sutiles detalles de la trama que llevan todo el subtexto de tu historia. Prepárate para el éxito, no para el estrés.

No ficción, por favor; estoy tratando de reducir la cantidad

LA NO FICCIÓN, como su nombre indica, es la ausencia de ficción. Estos libros se basan en hechos y se utilizan para compartir información para discutir, educar y plantear preguntas para el debate entre su público. Mucha gente piensa que la no ficción es árida y aburrida, pero en realidad no tiene por qué serlo. Considere estos diversos géneros:

- Historia
- Biografía
- Filosofía
- Religión y espiritualidad
- Política
- Investigación científica
- Negocios
- Autoayuda
- Viajes

• Cómo hacerlo

Estos son sólo algunos de los temas incluidos en el ámbito de la no ficción. Los libros de no ficción pueden ser escritos expositivos informativos o educativos, piezas persuasivas que prueban un punto, argumentos que intentan cambiar la opinión de los lectores, piezas descriptivas que llevan a los lectores a un tiempo o lugar totalmente diferente, o una narración de un evento, lugar o persona reales. Algunas personas creen que la no ficción no debe incluir opiniones ni utilizar un tono desenfadado, pero si te adentras en un libro de Bil Bryson o en la autobiografía del guitarrista de un grupo de rock, verás que no siempre es así.

Los libros de no ficción pueden utilizar diferentes tonos para expresar su contenido. El tono que utiliza un autor depende directamente de estos factores:
• El contenido
• El público
• La intención

El contenido es el tema de tu libro y el ángulo que decides explorar. Una obra biográfica en homenaje al Papa y un relato biográfico que explique el papel de Billy the Kid en el establecimiento de la economía del Salvaje Oeste tendrían tonos totalmente diferentes debido al tema en cuestión. Del mismo modo, un libro en el que se detalla cómo arreglar las piezas mecánicas de un Volkswagen Escarabajo y un libro que le guíe a través de las prácticas de meditación diarias también se leerían de manera diferente.

El público también es importante a la hora de elegir el tono de su obra de no ficción. La mayoría de la gente prefiere leer libros que se presentan como una conversación con un amigo afín. Si tu público es mayoritariamente adolescente, utilizarás un tono totalmente distinto al que emplearías para escribir los consejos empresariales de un director general de Fortune 500.

Por último, la intención general de su libro dictará la voz adecuada para escribirlo. La intención es algo secundario respecto al tema, el ángulo y el público. Esencialmente, es el efecto que quiere que tenga su libro en las personas que lo leen. ¿Quiere que terminen el libro con un poco de admiración por Billy el Niño? ¿Quiere que tengan suficiente información para escribir un ensayo básico sobre su libro para su examen de ciencias? ¿Quiere que sientan que tienen un proyecto para el próximo capítulo de sus propias vidas? Lo que pretendes hacer con tus palabras tiene un impacto significativo en la forma en que las utilizas.

Así que, ahora que has conseguido un poco de espacio en la cabeza para tu libro de no ficción, es el momento de hacer el trabajo previo.

Elija un tema

Elegir el tema de su libro de no ficción es posiblemente la parte más fácil del proceso. Es muy probable que haya tenido algo en mente últimamente. Tal vez se haya obsesionado casualmente con un periodo de la historia, o siempre le haya interesado un individuo concreto que haya pisado este planeta. Todos tenemos ese "algo" del que sabemos un poco más que la media de las personas.

Por otro lado, es posible que desee escribir sobre algo simplemente porque no le resulta familiar y quiere compartir su exploración de este nuevo tema con el mundo, permitiéndole una mirada íntima a sus procesos de aprendizaje y crecimiento. Esto no es inusual, especialmente en los libros de viajes. El formato de diario es muy popular, ya que permite conocer el proceso y anima a los demás a hacer lo mismo.

Tu tema puede ser muy amplio al principio. Puede que decidas escribir sobre las pirámides, por ejemplo, pero ese es un tema muy amplio. ¿Qué cultura? ¿Qué continente? ¿Qué tipo de pirámides? Ya ve hacia dónde va esto. Puede intentar escribir un libro que hable de todas las pirámides conocidas hasta la fecha, pero tendrá que considerar cómo piensa hacerlo. ¿Una imagen y una breve reseña de cada una? ¿Una guía región por región con un mapa y una breve historia? Las posibilidades son abrumadoras.

Por lo tanto, le recomiendo que se tome un tiempo para sentarse y reflexionar sobre su tema.

Quizás escriba el tema que tiene en mente de la forma más breve posible. A continuación, reflexiona sobre él. Corre a la biblioteca o haz una búsqueda en Google sobre ese tema, utilizando el mismo término que usaste cuando lo escribiste.

Déjate llevar por la proverbial madriguera del conejo.

· · ·

Averigua qué es lo que te gusta de ese tema. Aprende cosas nuevas sobre tu tema. Esto no sólo te ayudará a acotar los puntos que quieres tratar sobre tu tema, sino que también te inspirará una mayor confianza en que vas en la dirección correcta.

Sin embargo, tal vez empieces con un tema que ya es bastante nicho. Sin duda, también puedes hacer un viaje por la madriguera del conejo; puede que descubras nuevos datos que quieras destacar en tu libro y que refuercen el debate que tienes en mente. En cualquier caso, escriba su tema bien especificado y empiece a hacer una lluvia de ideas.

A partir del tema principal, querrás plantear algunos de los puntos principales que quieres tratar en tu libro.

Si se trata de una biografía, ¿cuáles son los puntos principales de la vida de tu sujeto que deseas cubrir? Si se trata de un libro de autoayuda, ¿cuáles son los pasos que alguien debe seguir para alcanzar el resultado deseado? Si está escribiendo la historia de un lugar, ¿cuál es el marco temporal o los períodos que le gustaría destacar? Aunque sería maravilloso que alguien escribiera un libro sobre absolutamente todo lo de todos los tiempos, eso es un poco inviable, especialmente para su primera salida.

. . .

Tómate tu tiempo con esto. Hablo por experiencia cuando digo que no hay nada tan frustrante como empezar un libro de no ficción y darse cuenta a las seis páginas de que realmente no hay libro. Puede que te des cuenta de que puedes escribir un ensayo convincente, pero desde luego no un libro entero. O tal vez simplemente no hay suficientes recursos que te permitan investigar a fondo el tema. Es posible que los expertos tengan tantas preguntas sobre el tema como tú.

Métete en tantos agujeros de conejo como necesites. Habla con tus amigos. Discute sobre el tema en las redes sociales.

Haz lo que sea necesario para enfocar tu tema con suficiente material como para escribir un libro completo sobre el asunto.

Mi formato favorito es el esquema. Algunas personas prefieren los mapas, los swimlanes o las listas, pero a mí me encanta un buen esquema. Empiezo escribiendo el tema principal. Luego, dejo que salgan las ideas principales.

. . .

Debajo de cada idea principal, incluyo los puntos que me gustaría exponer sobre esa idea. A partir de los puntos, añado mis pruebas, opiniones o datos de apoyo. El proceso me lleva aproximadamente una semana, porque lo voy cambiando. A veces presento un esquema a un editor con notas que describen lo que creo que podría cambiar. A veces, me equivoco por completo. La cuestión es que el primer esquema no suele ser más que un buen punto de partida que te ayuda a poner en orden tus ideas.

Una de las cosas que revelará tu esquema es dónde necesitarás más información. Es posible que te encuentres con un área de discusión realmente buena, pero al hacerlo, descubras que es un área en la que podrías necesitar volver a la madriguera del conejo. Algunos autores dirán que esto significa que has encontrado un callejón sin salida, y que tienes que volver al principio del laberinto. Yo digo que es una gran oportunidad para revelar tu descubrimiento a los lectores con el mismo asombro que te está produciendo a ti en este momento. El hecho de que estés aprendiendo algo que te apasiona puede indicar que otras personas nunca han considerado este punto de vista o aspecto particular del mismo tema. Puedes evitar lo desconocido o incluirlo en tu discusión porque es desconocido.

Una vez que tengas un esquema con el que estés satisfecho o, al menos, que no te genere una gran ansiedad, podrás ver con más claridad qué ideas tienes sobre el tema. A partir de ahí, podrás decidir qué ángulo adoptarás para hablar de tu tema.

Explore su ángulo

Otro concepto erróneo sobre las obras de no ficción es que no contienen opiniones o prejuicios.

Esto no es cierto en todos los casos. Un diario de viaje, por ejemplo, no tiene más remedio que estar escrito desde el punto de vista de la persona que viaja. Es imposible ser imparcial cuando uno escribe sobre sus propias experiencias desde su propia perspectiva.

En otros casos, sin embargo, es una buena idea mantenerse lo más desprejuiciado posible con un enfoque de catálogo, pero eso depende totalmente del ángulo que se desee adoptar.

· · ·

El "ángulo" es la forma en que vas a investigar tu tema. Por ejemplo, en este libro, he optado por un enfoque muy franco y desenfadado del tema "cómo escribir un libro".

Escogí este ángulo porque creo que hay suficientes libros formales sobre el tema, y me imagino que hay bastantes personas que necesitan una voz amable que sepa de lo que está hablando para empujarles a hacer el acto de una vez por todas.

Cuando se trate de su libro, ¿lo abordará como un argumento apasionado? ¿Una súplica desesperada? ¿Un estudio científico? ¿Un collage histórico? ¿Una suave persuasión? Un ejemplo que me gusta utilizar para explicar los distintos ángulos es el del libro de autoayuda. Algunos necesitamos que nos griten para enderezar nuestras vidas. Otros necesitan ser guiados inconscientemente por un subtexto que nos permita tomar nuestras propias decisiones. ¿Qué estilo vas a utilizar para abordar tu tema?

El ángulo también se hará evidente en el esquema que hayas creado. Puede que al principio hayas pensado que ibas a hacer una historia completamente imparcial de los métodos anticonceptivos, sólo para darte cuenta en algún momento de la creación del esquema que simplemente no puedes evitar incluir tus propias emociones y opiniones sobre el tema. Eso no significa que hayas escogido un tema vago; simplemente significa que tendrás que ajustar tu ángulo.

Una forma de enfocar su ángulo es preguntarse "¿qué quiero que mi público se lleve de este libro?".

En el ejemplo mencionado anteriormente, "un relato biográfico que explora el papel de Billy the Kid en el establecimiento de la economía del Salvaje Oeste", ¿quiere que tengan una mejor opinión de Billy the Kid o una impresión menos favorable de los primeros valores económicos estadounidenses? Usted tiene la capacidad de guiar al público para que entienda el tema bajo una determinada luz. No puede hacer que estén necesariamente de acuerdo con usted o que cambien su propia apreciación del tema, pero sí quiere que sientan que entienden su propia visión del tema. El ángulo que elijas lleva al lector a un viaje muy específico, así que asegúrate de que sepa exactamente qué debe empacar para hacer el viaje contigo.

Organizar de nuevo

. . .

Llegados a este punto, ya has elegido el tema. Has construido tu esquema. Has examinado tu esquema para tener una idea de tu ángulo. Ahora es el momento de revisar todo lo que has hecho hasta ahora y organizarlo completamente para crear el mapa de hacia dónde te diriges.

A partir de su esquema, debería ser capaz de crear un índice de trabajo para su libro. Es posible que su índice no siga el mismo flujo que su esquema final, porque su ángulo puede haber cambiado la forma en que se produce la discusión.

Además, es posible que al mirar su esquema descubra que, después de todo, no se ajusta al esquema de los capítulos básicos.

Al igual que el primer esquema no es necesariamente el definitivo, el primer índice no tiene por qué ser el último.

Simplemente te sugiero que conviertas tu esquema en un borrador rudimentario de tu índice para ayudarte a descubrir el orden en el que vas a escribir tu libro. En la no ficción, el punto tiende a llevar al punto, y los hechos apoyan los argumentos, lo que significa que podrías encontrarte retrocediendo si tuvieras que escribir las cosas en un orden específico. Asegúrate de que tu discusión o argumento se presente en un orden que tenga sentido según tu punto de vista.

Por ejemplo, tu tío Lester. El tema de la historia es cómo se convirtió en "El asombroso Parcheezi".

Tal vez usted considere que estaba absolutamente destinado a ganarse este apodo en base a los acontecimientos que sucedieron a lo largo de su vida. En este sentido, tendría sentido presentar los detalles cronológicamente, empezando por su nacimiento y continuando con la forma en que hizo honor al apodo tras su concesión.

Por supuesto, hay muchos temas que no se prestan a ningún tipo de cronología. Por eso, tomarse el tiempo de reorganizarlo le ayudará a crear un viaje cohesivo a través de su tema y le dará más mérito a su ángulo. En la sección de "Recursos" he incluido algunas técnicas que te ayudarán a guiarte por algunas posibilidades para tu propio trabajo de no ficción, pero por ahora, considera el "caso" general que estás presentando. ¿Cuál es tu tesis, o el punto que intentas probar (si es que hay alguno)? Esto debería indicarse en la introducción o al principio del libro. A continuación, piensa en los hechos que conducen a esa conclusión concreta.

¿Cuál es el más fuerte? ¿Cuál va a requerir más tiempo de discusión? ¿Puede crear un capítulo igual de largo para cada hecho, o algunos de ellos son técnicamente subhechos que podrían anidar estrechamente con una pieza de información más grande y urgente?

La elaboración de un libro de no ficción se parece a la de un rompecabezas; sin embargo, mientras que el rompecabezas tiene una solución correcta y única, el libro no la tiene. El formato final que elijas es beneficioso para ti, ya que hará que el flujo de tu escritura te resulte mucho más familiar y será suave para tu cerebro mientras recopilas tus enormes montones de datos. Al mismo tiempo, la organización del libro debe tener sentido para el lector. El lector no quiere sentirse confundido, abrumado, desilusionado o con la sensación de estar perdiendo la cabeza.

Por ejemplo, si se menciona un ejemplo concreto varias veces a lo largo del libro, hay que considerar una disposición diferente o reconocerlo para el lector. Recuerdo un ejemplo concreto de principios de mi carrera, en el que ciertos aspectos de una ciudad concreta se mencionan seis veces a lo largo del libro.

A la segunda mención, pensé que quizás necesitaba una siesta. A la tercera, pensé que podría estar volviéndome un poco loco. A la cuarta vez que apareció esta información, empecé a hojear activamente el libro para asegurarme de que no me estaba volviendo loco. A veces esto es inevitable, pero asegúrate de avisar al lector. Y procura no repetir exactamente las mismas frases.

Los lectores odian eso.

Quizá piense que esto es un montón de favores para el lector, y en cierto modo es cierto. Pero, ¿cuál es el objetivo de un libro si no es para el lector? Hasta ahora hemos hablado del concepto de "público" unas cuantas veces, así que ya has pensado para quién escribes el libro y qué propósito quieres que tenga. ¿Pero ahora te digo que tienes que reorganizar todo tu esquema sólo para que les guste a los lectores?

· · ·

Si nunca pretendes que nadie lea tu libro, entonces realmente no necesitas seguir ninguno de estos consejos...

¡Sólo ve a por ello! ¡Deja de leer esto de una vez y ve a hacer tus sueños realidad!

Sin embargo, para el resto de nosotros, que al menos queremos que nuestro libro sea bien recibido en la fiesta familiar, crear un flujo de detalles a lo largo de la obra es crucial para ganarse el aprecio del lector. ¿Alguna vez ha empezado a leer un libro y lo ha dejado a medias porque no le llamaba la atención? Esa experiencia es exactamente la razón por la que hay que incluir al menos de alguna manera al lector en la experiencia de escribir un libro.

En última instancia, el acto de escribir es un poco de compromiso entre el autor y el lector. Vas a escribir el libro que quieres escribir con el entendimiento de que el producto resultante debe ser algo que el lector quiera leer. Lo creas o no, eso suele ser más fácil de lo que imaginas.

Investigación, recursos y entrevistas

. . .

No hace falta decir que una obra de no ficción requiere una investigación sustancial.

Siempre hay hechos que validar, puntos que probar y referencias que incluir en tu trabajo para apoyar tu escritura.

Incluso en el caso de una obra personal, como unas memorias o un cuaderno de viaje, ayudarás a fundamentar tu información con detalle es fácticos. Por ejemplo, en lugar de mencionar vagamente que el tío Lester nació en un mes de verano a principios de siglo, ganarás más credibilidad diciendo que lo celebra cada 29 de julio. En el ejemplo del diario de viaje, ayudarás mucho a tu lector y a ti mismo al poder mencionar dónde estás, a dónde vas y cómo llegar.

Hay detalles desconocidos sobre todo, incluso si te consideras una enciclopedia andante sobre un tema concreto. Al final de este libro, encontrarás una sección de "Recursos". Me encantaría decir que se trata de enlaces que he seleccionado exclusivamente para mis queridos lectores, para que puedan crecer y florecer como escritores, pero en su mayor parte, son los materiales que yo mismo he utilizado para organizar mis pensamientos y asegurarse de que no te estaba contando un montón de mortadela. Realmente quiero que crezcáis y florezcáis, y por eso me he propuesto compartir con vosotros sólo la información que yo misma utilizaría.

Dado que rara vez se trata de una situación en la que "cualquier recurso sirve", es una idea fantástica tomarse su tiempo en la fase de investigación. Personalmente, recomiendo buscar incluso los hechos que crees saber con certeza, por el mero hecho de corroborar tus datos con múltiples recursos. Por ejemplo, hace poco escribí un artículo sobre un tema que conozco tan bien que me he certificado en él varias veces. En teoría, podría haberme sentado simplemente a escribir una corriente de conciencia de todo lo que sé, y habría sido cierto. Pero no habría sido bueno, y no habría contado con los datos necesarios.

Otra gran cosa que puede hacer la investigación es recordarte otras cosas que van de la mano con tus puntos principales. A veces, como escritores, nos centramos tan estrictamente en un dato concreto que bloqueamos los conocimientos que van de la mano de esos hechos. Es una situación muy parecida a la del "bosque y los árboles", en la que te centras en un punto determinado con tanto entusiasmo que te olvidas de mencionar todos los detalles de apoyo que son realmente importantes para la causa. Una vez me pidieron que organizara una cena para unos posibles clientes. Eran chefs, así que quería servir algunos platos sencillos pero sabrosos para demostrar que había prestado atención y había investigado sobre el tema que me estaban presentando esa noche. Encontré algunos recursos muy reputados y seguí las recetas al pie de la letra. Casi todo salió muy bien, excepto un plato en particular. No se parecía en nada a las fotos. En lugar de parecer una pasta esponjosa de color beige, era un desastre marrón húmedo y lleno de grumos.

Cuando llegaron mis invitados, no tuve más remedio que servirlo. Les expliqué la situación e intenté reírme de ella. Me preguntaron si había hecho esto y aquello mientras lo preparaba. No lo había hecho. "Esto" y "aquello" no se mencionaban en ninguna parte de la receta que había seguido. Echamos un vistazo juntos a mi recurso y descubrimos que en el afán del autor por explicar la historia y la importancia cultural del plato, se olvidó de mencionar que el lector debía pelar un determinado ingrediente en un momento muy concreto del proceso.

La moraleja de esta historia es doble:
1. No pierdas de vista un hecho realmente importante
2. Compruebe dos veces sus recursos

. . .

Es demasiado fácil dejar de investigar cuando se encuentra la información deseada. Si algo parece un poco raro, suele serlo. Si hubiera buscado otra receta, habría descubierto rápidamente los datos que faltaban. En lugar de eso, miré lo que tenía y dije: "¡Suficiente!". Aunque a mis posibles clientes les pareció todo muy gracioso y me contrataron de todos modos, considera cómo recibirán tu libro las personas que no te conocen directamente y no pueden escuchar tus disculpas y justificaciones por el error. Escríbelo bien a la primera y gánate la confianza de los lectores para toda la vida.

En el tema de la responsabilidad de los autores, los recursos siempre pueden ser un poco contradictorios. Además de difundir una gran cantidad de información, somos más conscientes que nunca de que Internet también puede hacer que la desinformación se convierta en viral en cuestión de segundos. Esta es otra razón por la que me gusta recomendar la comprobación de los hechos en casi todo. Desde las actualizaciones dentro de la comunidad científica que invalidan teorías anteriores, hasta las actualizaciones en los detalles que rodean tu tema, nunca es mala idea ver lo que la comunidad en general cree que es la "verdad". Algunas inexactitudes pueden ser inevitables... imagina escribir un artículo sobre que el Asesino del Estado Dorado estaba suelto el 23 de abril de 2018, justo un día antes de que la policía anunciara que había arrestado a Joseph DeAngelo por los crímenes. Tuve el placer de escribir un largo artículo sobre la búsqueda emocional de la maternidad de una determinada celebridad que se publicó el mismo día en que anunció su embarazo. La gracia que salvó mi carrera y la del editor de ese medio en particular fue que el resto de mi artículo era una recopilación bien documentada de sus propias palabras sobre el asunto. Se me acusó de conocer el futuro, ¡pero eso es totalmente falso!

Otro tipo de recurso que puede ser tanto una bendición como una maldición es una entrevista. Si puedes conseguir un relato de primera mano sobre cualquier cosa relacionada con tu tema, eso le dará credibilidad e integridad a tu artículo. Excepto por un pequeño problema: los entrevistados no siempre son precisos.

Eso no quiere decir que todos sean unos asquerosos mentirosos, sino que todos somos humanos. Recordamos cosas incorrectamente. Los detalles pueden volverse borrosos con el paso del tiempo y las múltiples repeticiones. Podemos empezar a confundir situaciones y transponer algunos ingredientes en nuestros recuerdos. Y sí, algunas personas son asquerosamente mentirosas.

. . .

Además, se da el interesante fenómeno de que los expertos pueden no estar de acuerdo. Animo a todos los que realizan entrevistas a que obtengan la mayor cantidad posible de puntos de vista sobre el tema que van a tratar antes de empezar la entrevista. Si no consiguen que cinco de los cinco miembros de la Asociación Dental Americana se pongan de acuerdo sobre la eficacia de un cepillo de dientes, no hay la más mínima posibilidad de encontrar dos versiones idénticas del mismo hecho.

Si decides incorporar las entrevistas a tu proceso de investigación, es una gran idea conseguir información de contacto para poder hacer un seguimiento del tema. Es posible que sientas que has tenido una conversación increíblemente exhaustiva, pero al escribir te darás cuenta de que no has captado realmente el tono de una respuesta concreta, o que el subtexto de una respuesta no está del todo claro. Si tienes la oportunidad de aclarar esa cita o noción, evitarás tergiversar la verdad.

Entonces, ¿cómo se realiza una entrevista? Primero, investiga. Entienda de qué va a hablar con ese experto. Las entrevistas más cómodas, informativas y, en general, exitosas son más bien conversaciones que una sesión de preguntas y respuestas. No tienes que alcanzar un nivel de experiencia en el tema, pero al menos debes saber lo suficiente como para poder participar en una discusión y hacer preguntas aclaratorias que tengan sentido. Está el famoso ejemplo del entrevistador que ignoraba que McCartney había estado en una banda antes de Wings. Un poco de investigación puede evitar situaciones incómodas como ésa.

A continuación, asegúrate de que entrevistas a tu interlocutor de una manera que sea cómoda para ambos. Al principio de mi carrera aprendí que soy increíblemente incómodo por teléfono.

Prefiero tomar un vuelo de ida y vuelta a Buxtehude para una entrevista en persona que participar en una larga entrevista telefónica. Sin embargo, si envío a mi interlocutor algunas preguntas por correo electrónico, estoy más que dispuesto a mantener una conversación de seguimiento por teléfono. Es extraño, lo sé.

El proceso de hablar con un experto puede ser algo aterrador. Piense en ello como una conversación.

Prepare una lista de preguntas para empezar, pero también apunte una lista de puntos que le gustaría tratar a lo largo de la entrevista. No ignore la humanidad de su tema. Frases como: "Te habrás sorprendido cuando descubriste...", o "¿Qué se te pasó por la cabeza cuando...?", o "¿Cómo fue la experiencia de...?", pueden darte mucha información sobre la relación del entrevistado con el tema en cuestión y darle un giro muy cercano incluso a los temas más rebuscados.

Una vez tuve que entrevistar a un investigador que había resuelto un asesinato en serie y había detenido al asesino. Le hice exactamente una pregunta. El resto del tiempo, hablamos de su papel en el propio crimen, de su estado de ánimo desde el juicio y de su relación con los demás investigadores. Al final de nuestra hora de charla, me preguntó si podía volver a ponerse en contacto conmigo en el futuro, cuando estuviera preparado para escribir su autobiografía.

Una buena entrevista puede ser una experiencia increíble para todos los implicados.

Cuando utilices entrevistas en tu obra de no ficción, recuerda que ésta debe reflejar la realidad.

· · ·

La ausencia de ficción es la verdad.

Hay muchas situaciones en las que partes de las entrevistas se editan específicamente, se descontextualizan y se malinterpretan para que se ajusten al punto de vista del autor.

Ciertamente entiendo por qué algunos escritores deciden hacerlo. Hasta cierto punto, todos meneamos un poco la verdad para obtener los resultados deseados en la vida y en la escritura. Sin embargo, dependiendo de la plataforma que utilices para distribuir esta información que no es del todo cierta, puede haber consecuencias. Aunque la difamación, concretamente la calumnia, se trata de forma diferente en todo el mundo, como mínimo supondrá una marca oscura en tu carrera como escritor.

Los escritores han discutido desde los albores de la palabra escrita si la ficción o la no ficción son más "difíciles" que la otra. Habiendo escrito ambos, tengo mis propios sentimientos al respecto, pero por ahora, éste va a ser uno de esos debates que quizá nunca terminen. Cada autor tiene una zona de confort, lo que significa que ciertas piezas serán mucho más "fáciles" de escribir que otras. "Más fácil" puede significar muchas cosas para diferentes personas: más rápido de escribir, menos estresante, mínima investigación o abundante material de partida. Lamentablemente, sigue siendo cierto que algunos libros son cruceros de placer mientras que otros son tan agradables como el recorrido de un naufragio. Eso no quiere decir que todos los libros lo sean, sino que algunos son una lucha desde la primera palabra y pueden resultar muy diferentes de lo previsto.

Por lo tanto, vuelve a reflexionar sobre ese "sentido del humor" que mencioné como requisito para escribir un libro. Aunque te he dotado de varias estrategias y herramientas que te ayudarán a guiarte en el trabajo previo de las obras de ficción y de no ficción, por favor, no creas que ninguna de ellas es un escenario "de una sola vez". No se engañe pensando que puede anotar en su calendario el "trabajo previo a mi novela" como una breve tarea de tarde. Esto requerirá tiempo y energía, como también se ha mencionado anteriormente. El sentido del humor es el maná que sostendrá tu espíritu mientras luchas con la realidad de lo oneroso que puede ser el proceso de trabajo previo.

La forma de llevar a cabo el trabajo previo depende enteramente de usted. Muchos autores tienen todo el texto organizado -al menos una versión preliminar-antes de empezar a escribir. Otros se dan cuenta de que han organizado un buen espacio para escribir una sección concreta en este momento, que pueden volver a editar una vez que tengan la estructura final. Utiliza el método que mejor te funcione. No se trata estrictamente de un proyecto de punto o de un proyecto de acolchado; en cambio, "escribir es el arte de dejar que la musa se eleve con fuerza", como dijo un antiguo mentor mío. Para tu primera obra, es posible que desees modificar el orden de las operaciones y la estructura a medida que descubres lo que mejor te funciona a ti y a tu tren de pensamiento.

Cada libro que escriba implica una cierta cantidad de experimentación. Aunque el trabajo previo le ayudará a prepararse para escribir un libro, no crea que todo lo que ha hecho está grabado en piedra. Como ya se ha dicho, es posible que cambie algunos detalles muy importantes de su libro a medida que se desarrolla en la página, tanto si está escribiendo una obra de ficción como una de no ficción. Cuando las cosas cambien, no sientas que has fallado en tu trabajo previo o que esos esquemas y horas de investigación han sido en vano. En todo caso, aprender lo que no quieres hacer con tu libro hace que sea mucho más satisfactorio cuando descubras la dirección que prefieres tomar en su lugar.

Tanto si acabas siguiendo estos pasos exactamente como si los utilizas como base para tu propio proceso, ten en cuenta que el objetivo es orientarte en tu nuevo proyecto. Muchos autores noveles se frustran al principio del proceso de escritura, sencillamente porque no han hecho suficiente trabajo por adelantado. La buena noticia es que siempre se puede dejar de hacer lo que se está haciendo a mitad de frase, dejar un marcador o una nota para volver a ella y revisar las notas. Tal vez tu mapa de personajes no sea tan preciso como habías previsto. Tal vez tu ángulo esté ligeramente desviado. Vuelve a visitarlo. Reagrupa. Relájate.

Puede que le parezca que el trabajo previo es interminable, especialmente si se encuentra revisando y reagrupando más de una vez. Eso no es malo en absoluto.

Simplemente te está preparando para el siguiente paso del proceso, que es zarpar en este monumental viaje. El siguiente paso, por supuesto, es sentarse a escribir un libro.

Sobrevivir al proceso de escritura

Para escribir un libro, empieza en una posición cómoda y sentada. Asegúrate de que tienes un portátil, un ordenador, un dispositivo, un bolígrafo y un papel, una pluma y un pergamino, o cualquier otro medio en el que quieras escribir. Cierra los ojos. Respira profundamente. Exhala lentamente. Abre los ojos. Escribe un libro. El final.

Ojalá fuera tan sencillo o. En realidad, habrá días en los que escribir le resulte tan natural como respirar o tragar. Otros días, sentirás náuseas sólo con saber que la palabra escrita existe. Ha habido ocasiones en las que me ha molestado la etiqueta de un paquete de aperitivos simplemente porque tenía la audacia de incluir palabras y frases.

El término "sobrevivir" puede parecer un poco dramático o hiperbólico, pero creo que escribir es una actividad de supervivencia para el autor y la obra por igual. Si uno renuncia a escribir su libro, la historia no sigue viva.

Del mismo modo, si te frustras tanto con el proceso que renuncias a escribir algo más significativo que tu nombre en una tarjeta de cumpleaños, tu desarrollo de una pasión y talento ha terminado. Si bien es poco probable que escribir un libro sea fatal, los golpes que uno siente durante el proceso pueden poner fin a todo el esfuerzo por completo. Si lo dejas, no debe ser porque continuar te arruine la vida, sino porque has probado a escribir y, sencillamente, no es para ti.

.   .   .

Como siempre, necesitarás tiempo, energía y sentido del humor, que se aplicarán a las diversas habilidades que te ayudarán a conservar tu pasión por este proyecto incluso cuando los días se alargan y las palabras empiezan a perder su sentido. En los siguientes capítulos, veremos algunas de las cosas que ayudan a los escritores a conservar el deseo de escribir, incluso cuando las palabras no llegan. Pueden parecer un poco obvias al principio, pero cuando te enfrentas a una página en blanco, las ganas de entrar en pánico son muy fuertes, sobre todo durante el primer intento.

En esta sección, exploraremos algunas de las mejores maneras de no entrar en pánico, mantenerse concentrado y mantener los ojos en el premio de completar con éxito ese primer libro.

4

Mantenerse organizado

SI BIEN ES cierto que el concepto de organización ya se ha mencionado en más de una ocasión, nunca se mencionará lo suficiente a la hora de esbozar el proceso de escritura de su primer libro.

La tentación de abrir un diario o un documento de procesamiento de textos en línea y empezar a escribir será fuerte. De hecho, te recomiendo encarecidamente que sigas este impulso de vez en cuando, especialmente cuando la creatividad o la pasión empiezan a decaer. El único inconveniente de este método es que, al escribir con los ojos cerrados, tendemos a perder de vista a dónde queremos llegar. Es una forma estupenda de hacer fluir las palabras, pero también es posible que produzcas un montón de tonterías.

. . .

Una técnica para ayudarte a mantenerte responsable cuando haces estos sprints de escritura implica un poco de organización extra. Cada vez que te sientes a escribir, te animo a que te tomes unos minutos para leer lo que escribiste en la sesión anterior. Echa un vistazo a tus notas, consulta tu mapa de personajes y tu esquema argumental en el caso de las obras de ficción, o echa un vistazo al borrador final de tu índice en el caso de los escritores de no ficción.

Un libro, con sus miles de palabras y cientos de páginas, es abrumador. Es un largo viaje lleno de giros y puntos y contrapuntos. Por eso, intenta pensar en él como una aventura con un destino que aún está lejos en la distancia. Imagina que vas a conducir un coche desde Seattle, Washington, hasta Boca Ratón, Florida. Es un viaje de aproximadamente 3.200 millas, lo que supone unas 48 horas de conducción continua. Viéndolo así, parece increíblemente abrumador emprender un viaje así, y es posible que empiece a buscar inmediatamente el vuelo más rápido y menos caro.

Pero en lugar de verlo como dos días de conducción interminable, recuerda tu humanidad.

. . .

Tendrás que parar de vez en cuando para comer, repostar el coche e ir al baño. Te conviene hacer una pausa de vez en cuando para descansar un poco, no vaya a ser que se te nuble la vista y tu cerebro se ponga en piloto automático.

Por lo tanto, es mucho más probable que dividas el viaje en trozos pequeños y manejables. El primer día conducirás durante unas horas para ver cómo se comporta el coche. Pararás a repostar cuando lo necesites, irás a la estación a por una bebida o un tentempié. Haz una pausa en las áreas de descanso para utilizar las instalaciones, caminar un poco, tal vez dormir una pequeña siesta.

Una vez que te relajes y te permitas absorber la belleza del propio viaje, empezarás a disfrutarlo más. Quizá se detenga en un restaurante que siempre ha querido probar. Puede que decidas pasear un poco por una ciudad mientras estás allí, entrando en las tiendas para comprar un poco de sabor local. Por supuesto, puede que haya días en los que llueva, o en los que no sientas el espíritu de aventura, en los que sólo quieras pisar el acelerador y seguir adelante, pero eso también forma parte del viaje.

. . .

Como alguien que ha realizado varios viajes intercontinentales y ha escrito otros tantos libros (incluido un libro que escribí mientras conducía por toda la Costa Este de Estados Unidos), siempre me sorprende lo similares que son ambos procesos. La única gran diferencia es que se puede escribir un libro en posición fija, sin salir de casa.

Cuando abra su diario o dispositivo y contemple esa página en blanco, no piense en lo monumental que es esta tarea.

No pienses en el tiempo que vas a tardar en alcanzar tu objetivo, ni en lo incómodo que va a ser hacer el viaje. En lugar de eso, divídelo en pequeños trozos, igual que harías con tu viaje por carretera.

El primer día que escribas, céntrate en la introducción. No lo pienses demasiado... simplemente empieza a conducir. Sintoniza la parte de tu cerebro que grita: "¡Esto es una locura! ¡Esto es demasiado grande! ¡Esto va a llevar demasiado tiempo! Estás fuera de tu elemento". Fija tu GPS mental en el primer punto que quieres tratar en tu libro, y ve a por él.

· · ·

Tu introducción va a marcar el tono de tu libro, y si has creado un montón de notas durante tu trabajo previo, será lo más honesto y directo que escribas. No has tenido tiempo de tener nociones preconcebidas sobre lo que estás escribiendo. No has desarrollado del todo tu voz, sólo estás picoteando, intentando explicar lo que vas a escribir a un lector que no tiene ni idea de que estás escribiendo un libro. Todo el proceso es un misterio en este momento. Menos mal que tienes muchas notas.

Del mismo modo que no intentarías ir en coche de Seattle a Boca Ratón sin un GPS, un atlas, una brújula o algún tipo de herramienta que te ayude a encontrar el camino, las notas que has reunido durante tu trabajo previo van a servir de mapa para guiarte a través de tu libro.

Utiliza este mapa para ayudarte a encontrar el camino punto por punto, igual que harías al atravesar los Estados Unidos parada por parada. Quizás hoy escribas hasta el capítulo 1, o el punto de la trama en el que se presenta el personaje principal. La próxima vez que te sientes, llegarás hasta el capítulo 2, o hasta el punto en que se revela el conflicto principal.

Establece unos puntos muy concretos y escribe cada día hasta que hayas completado esa parte de tu viaje. Lo que hará que esta estrategia funcione, por supuesto, es tu compromiso continuo con la organización. Cuando utilizas un GPS o un mapa para planificar un viaje por carretera, trazas tus puntos. Compruebas las carreteras y te haces una idea de las autopistas y carreteras que tienes que tomar para llegar a tu siguiente punto de control. No miras todo el camino hasta tu destino final; te tomas tu tiempo para encontrar el camino. No te separes de tu mapa en ningún momento.

Es posible que acabes siguiendo un desvío o descubras una ruta más pintoresca, pero tienes un lugar específico hacia el que te diriges.

El trabajo previo, la investigación y las notas que tomes por el camino son tu mapa. Te dicen a dónde debes ir después.

Deja que hagan su trabajo. No dejes tus notas en un cajón, ni decidas que has perdido la cabeza y las tires, ni te digas que puedes volar sin un mapa. Una vez que hayas conseguido un buen flujo, puede que no necesites tus notas a cada momento, pero dado que cada sesión de escritura es casi siempre diferente a la del día anterior, llegará un momento en el que volverás a anhelar profundamente esas notas.

. . .

Un truco particular que me ha ahorrado mucho tiempo y lágrimas es llevar un diario de escritura.

Puede que pienses: "Ya estoy escribiendo, ¿y quieres que escriba más? Estás loco". Lo admito, parece una exageración. Pero el propósito de un diario de escritura puede ser en realidad muy sencillo: tomar notas de lo que haces cada día al escribir.

Por "diario" no me refiero necesariamente a un cuaderno encuadernado, aunque ese sistema suele funcionar para muchos escritores, sobre todo para los que están en los inicios de su carrera.

Puedes utilizar un sistema de comentarios y texto destacado en un programa de procesamiento de textos, o notas adhesivas reales si estás escribiendo a mano tu manuscrito.

Lo que sea que te permita reconocer, registrar y volver a revisar los puntos del proceso en los que tuviste que hacer una pausa para pensar en las cosas es un método tan bueno como cualquier otro, porque no estás llevando un diario de escritura para nadie más que para ti mismo.

Escribir no es necesariamente algo cronológico, incluso si la obra que estás escribiendo está estrictamente estructurada de forma cronológica. Puede que estés metido de lleno en el capítulo 12 y te des cuenta de que la vida será mucho más fácil para tus personajes si vuelves atrás y cambias algo en el capítulo 3. En el ámbito de la no ficción, puede que descubras que un argumento que presentaste en una sección anterior era débil en el lugar en el que se encontraba, y es evidente que necesitas reubicarlo en una sección posterior, donde realmente mejore la discusión. Cuando realices este tipo de cambios, anótalos en tu diario de escritura. Ejemplos de estas notas pueden ser cosas como:

"1 de febrero: Cambié el color de pelo de April a marrón, a partir del capítulo 5. Hice que se lo tiñera para que Rebel no la reconociera en el capítulo 8".

O en no ficción:

"25 de octubre: Se ha trasladado "El caballo de Billy the Kid, etc..." de la sección 3: Ganadería a la sección 7: Artículos comercializables. La sección de ganado se centra ahora en el ganado y la vida agrícola. Las gallinas pasan también al comercio, aunque se mencionan en la sección

"Bienes comercializables" de la sección de Ganadería."

El objetivo de estas notas, y del diario en su conjunto, es que te ayuden no sólo a reconocer los cambios que hiciste en tu borrador, sino también a recordar por qué lo hiciste en primer lugar. Por supuesto, puedes configurar tu programa de procesamiento de textos para que registre todos los cambios, pero no puede captar tu argumento interno mientras intentas tomar una decisión.

El concepto de organización se extiende más allá de las notas y a las anotaciones mentales y el diálogo que mantienes contigo mismo mientras escribes tu libro. Habrá momentos en los que escribas una página entera y luego te quedes paralizado y pienses: "¿Es eso lo que quería decir?"

Ser organizado tanto en tus notas como en tu proceso de pensamiento te ayudará a ordenar lo que estás haciendo. Y ser capaz de permanecer en sincronía contigo mismo a lo largo de los días, meses y años que te puede llevar escribir un libro es la única forma que se me ocurre para continuar con tu productividad en las buenas y en las malas.

5

Ser productivo

EL TÍTULO original de este capítulo era "Mantenerse dentro del plazo". En mi mente, iba a explicarte cómo presupuestar el tiempo para tener tu primer borrador terminado dentro de un plazo específico. Pero, como te he predicado con frecuencia a lo largo de este texto, los cambios ocurren.

En lugar de enseñarte a forzarte a escribir cuando tu cerebro dice "no" pero el calendario dice "sí", prefiero animarte a desarrollar una pasión por la productividad. Los escritores con verdadero talento pueden idear un texto entero de la nada en cuestión de segundos, pero ésa no es la experiencia que debes tener para tu primer libro. Más bien, tu primer libro debe ser un esfuerzo que emprendas porque realmente lo deseas. Debe ser positivo y apasionado, y tanto si decides escribir otro libro como si no, debes salir del proceso orgulloso de ti mismo por haber hecho algo tan monumental.

Como he mencionado antes, debes fijarte un plazo simplemente para que tu cerebro sea consciente de que esto es algo real, y que merece tu atención. Lo estricto que seas con tu plazo depende de lo bien que te conozcas a ti mismo.

Algunos necesitamos presión para prosperar, lo que significa ser un poco agresivo con los plazos para mantenerte centrado y entusiasmado con tu escritura. Por otro lado, puedes evitar el exceso de ansiedad permitiéndote hitos generosos que simplemente demuestren que estás avanzando, en lugar de revolcarte en cada posible punto conflictivo.

Independientemente de sus expectativas, el objetivo principal de establecer un calendario es promover la escritura. Cuando escriben su primer libro, casi todos los escritores con los que he hablado dicen lo mismo: empezamos a obsesionarnos con si es bueno, nos interrumpimos, reescribimos el mismo párrafo ocho veces, nos rendimos porque es demasiado difícil, nos preguntamos si somos unos fracasados en todo lo que intentamos, entramos en una espiral de dudas sobre nosotros mismos y, básicamente, lo pasamos muy mal. En lugar de hacerlo bien a la primera, hay que concentrarse en hacerlo.

Quieres escribir un buen libro, pero antes de que sea bueno, debe ser un libro. Escríbelo. ¡Sólo escribe la bendita cosa!

Al igual que cuando pisas el acelerador y te alejas a toda velocidad de una habitación de hotel infestada de cucarachas en un viaje por carretera a través del país, a veces es mejor seguir avanzando y no mirar atrás al escribir.

Realice ajustes. Preste atención a los desvíos. Toma la ruta panorámica. Pero no pases demasiado tiempo mirando hacia atrás, hasta que sepas realmente a dónde vas. Si vas a buen ritmo en las páginas iniciales y de repente recuerdas que el pelo de April va a cambiar de color, no te detengas.

Utiliza ese diario de escritura para tomar nota de ello y sigue adelante. Puede que haya una razón por la que tu cerebro haya querido que lo escribas así ahora. Explóralo, pero toma nota de ello, por si no te gusta a dónde te lleva ese camino. No apagarías el GPS cuando te pierdes, y tampoco te detendrías dónde estás, apagarías el coche y te darías por vencido. Siempre puedes volver cuando tengas más tiempo y combustible.

Recuerda que mientras escribes, cuando vuelvas más tarde, tendrás una idea más completa de lo que hay que cambiar (si es que hay algo). Podrías volver sobre el pelo de April a lo largo de todo el libro. ¿Y si descubres, justo cuando estás terminando, que a April le gusta mucho cambiarse el color del pelo y lo hace varias veces a lo largo del relato para ser más camaleónica socialmente?

Te acabas de dar cuenta de que tienes que revisar cada mención al color de pelo de April para asegurarte de que se ajusta a la situación social de esa escena. Cosas así ocurren, así que toma notas, vuelve más tarde y sigue adelante por ahora.

También tendrás que examinar tu relación con la palabra "progreso". Antes hemos hablado de cómo las 2.000 palabras diarias recomendadas pueden no tener sentido para ti, al menos no a diario. Te animo a medir el progreso no por el número de palabras que escribes cada día, sino por las cosas que realmente logras cuando te sientas a escribir. Si sólo escribes 100 palabras, pero consigues superar una sección que te resultaba especialmente problemática, ¡eso es un progreso!

Si haces un sprint de 4.000 palabras porque no has tenido tiempo de sentarte a escribir para ti mismo en semanas, eso también es un progreso.

Muchas personas se ponen un poco frenéticas durante su primer intento de escribir algo sustancial. Si la disciplina te ayuda a prosperar, entonces, por supuesto, crea un programa estricto para ti. A mí me parece que, si mis plazos están demasiado lejos, casi me atrevo a esperar hasta el último minuto. Pero si, en cambio, decido obligarme a hacer algún tipo de progreso cada día, procrastino menos y me gusta más mi producto final.

Dicho esto, darme una cantidad muy específica de palabras que cumplir cada vez que me siento sólo exacerbaría mi ansiedad. Soy más del tipo de escritor "escribe hasta que tu cabeza esté vacía" cuando tengo la posibilidad de hacerlo.

Escribir, a título profesional, me ha ayudado a aprender a ser más responsable con un calendario, pero espero que tu primer libro no tenga un plazo de entrega muy ajustado.

Sin embargo, al preparar su primer libro, es posible que no sepa realmente cómo es su estilo. Es posible que nunca te hayas sentado a escribir miles de palabras de una vez, o si lo has hecho, puede que haya sido hace mucho, mucho tiempo. No es el tipo de cosas que todo el mundo puede disfrutar en su vida personal o profesional, así que puede resultar muy extraño al principio.

De hecho, es posible que le resulte extraño, es decir, físicamente incómodo. Si no estás familiarizado con la mecanografía, puede que te duelan los dedos y las muñecas después de un tramo especialmente largo de mecanografía.

Escribir a mano el libro también puede provocar dolores en las muñecas y los dedos. Si no sueles estar sentado durante horas, es posible que tu columna vertebral y tus partes posteriores empiecen a resentirse con tu nuevo pasatiempo.

· · ·

Ten en cuenta que escribir es un verdadero ejercicio para tu mente y para tu cuerpo. De la misma manera que no participarías en una maratón si nunca has corrido por el camino de tu casa, tendrás que darte tiempo para adaptarte a esta nueva actividad, tanto mental como físicamente. Es posible que te sientas agotado al final de una sesión de escritura o que te sientas excitado por una ráfaga de endorfinas al intentar una nueva tarea. Nadie me habló de cómo puede afectar la escritura al cuerpo, así que me sorprendió completamente cuando rompí a llorar desconsoladamente durante media hora después de entregar mi borrador final. Tu cerebro estará agotado. Puede que se te olviden cosas. Puede que te encuentres con los nervios de punta. Puede que te resulte difícil dormir o levantarte. Todos estos son efectos secundarios muy reales de escribir tu primer libro.

Con el tiempo, el proceso se hará más fácil, pero tienes que entrenarte para soportarlo. Haz descansos para evitar los verdaderos calambres de escritor. A mí me gusta levantarme y caminar por la habitación cada treinta minutos aproximadamente. Espero llegar a un buen punto de parada, por supuesto, pero entonces cierro los ojos, hago algunos estiramientos en el escritorio y me levanto durante uno o dos minutos. Sentarse en una pelota de ejercicios en lugar de en una silla normal es una forma estupenda de evitar las trampas de la mala postura cuando se está sentado. En la sección "Recursos", he incluido algunos enlaces a ejercicios que puedes hacer para mantener tu cuerpo tan ágil como tu mente durante el proceso de escritura.

A veces, si me encuentro con la mente en blanco, recurro a Internet y leo algo relacionado con mi tema, sólo para poner en marcha el cerebro. Cuando escribía mucho para la comunidad automovilística, hacía una pausa en el trabajo para ver episodios de programas adecuados para refrescar mi apreciación de escribir en el tono y la voz adecuados. No machaques a tu pobre cerebro en esta tarea; en su lugar, deja que forme parte del instrumento y que toque para las musas de forma natural. Alternativamente, apago el ordenador y hago un poco de Yoga Nidra para evitar que mi cerebro se ponga en marcha. Encuentra lo que te ayude a pensar... He incluido algunas sugerencias de actividades para limpiar el cerebro en la sección de "Recursos". Es importante limpiar la mente de vez en cuando para mantener la concentración mental y las emociones bajo control.

Date tiempo para centrarte en el aprendizaje de tu propio proceso. Al hacer hincapié en el logro general de cualquier progreso, te estás dando el espacio que necesitas para aprender tus propias necesidades. Tus procedimientos empezarán a encajar a medida que te familiarices con tus necesidades mentales, emocionales y físicas. Haz ajustes. No puedo decirte cuántas listas de reproducción audicioné antes de encontrar las melodías exactas que necesitaba para ser productivo.

Los autores más experimentados recomiendan encontrar un buen lugar para escribir.

Un lugar tranquilo, donde nadie pueda molestarte y no te veas tentado por demasiadas distracciones puede ser increíblemente útil para inspirar y mantener la productividad. Esto no significa que tengas que construirte una oficina de última generación, a no ser que realmente lo desees.

Muchos bestsellers se han escrito en la mesa de la cocina, detrás de una "pared" de mantas en el salón, en el suelo de un armario o en la oscuridad cuando los niños se han ido a dormir. Una parte de la búsqueda de tu ritmo es encontrar un buen lugar para trabajar. Si te distraes con mucha facilidad, muévete. Prepárate para el éxito; tratar de "superar" una situación que no funciona sólo hará que no te guste la experiencia en general.

. . .

Con el tiempo, tu progreso se convertirá en un proceso, y tu proceso aumentará a su vez tu productividad. Los músculos que te dolían y las lágrimas que se derramaban se volverán más escasas, a medida que tu cuerpo aprenda a sentarse y la mente se acostumbre a esta apasionante tarea. Te sentirás menos forzado, frenético y formal y más concentrado.

Estarás deseando que llegue el momento de escribir. Saber que volverás a una especie de normalidad o incluso a un estado de felicidad después de ese primer gran bache que supone entrar en un territorio desconocido debería ayudarte a mantener los ojos en el premio, por así decirlo.

Viaja de una en una, pero si te recuerdas a ti mismo que estás avanzando, el viaje será mucho más agradable y gratificante una vez que hayas llegado al final.

6

Cómo afrontar los cambios

A ESTAS ALTURAS, puede que estés un poco confundido sobre los métodos que te estoy prescribiendo: Avanza siempre, excepto cuando te des la vuelta y vuelvas atrás, pero anota siempre por qué lo has hecho, y luego vuelve a avanzar. De hecho, esa es una descripción bastante precisa del proceso de escritura, pero como es tu primera vez, intentaré simplificarlo un poco.

Avanza siempre. El progreso es bueno. Escribe más palabras, haz que aparezca más de tu libro ante ti, continúa con el impulso, y así sucesivamente. Cuanto más escribas, más posibilidades tendrás de superar esos momentos de confusión y dudas. Termina siempre la sesión con más palabras que cuando empezaste.

. . .

Sin embargo, el cambio es inevitable. No debemos temer el cambio.

Una mañana te levantarás y te darás cuenta de que no incluiste un determinado detalle antes, y tendrás que añadirlo. Hazlo.

Anótalo en tu diario, y luego sigue adelante. No dediques un tiempo excesivo a releer lo que ya has hecho, porque para eso tienes todo un proceso de revisión y edición. Cuando vuelvas a hacer cambios esenciales, te recomiendo encarecidamente que te pongas una venda para el resto de lo que has escrito, al menos en ese momento. Haz tu cambio, asegúrate de que existe en paz con el texto circundante, y luego vuelve a la perspectiva de avanzar.

Pero el concepto de "cambio" no se limita estrictamente a las partes ya escritas. A medida que avanzas con valentía, prepárate para que las cosas se vuelvan extrañas. Tus personajes pueden resultar totalmente diferentes a tus primeras impresiones. Puede que descubras que algo que considerabas una verdad irrefutable se ha demostrado incorrecto recientemente. En este gran viaje de la escritura, habrá bloqueos y desvíos que nunca pensaste tomar.

· · ·

Entonces, ¿cómo afrontar un cambio inesperado, especialmente cuando se supone que eres tú quien tiene el control? Este es uno de los pocos escenarios en los que te animaría, como escritor, a hacer una breve pausa.

Los otros escenarios incluyen catástrofes naturales, incendios y emergencias médicas, pero éste es uno de los pocos casos en los que tienes un pase libre para detenerte antes de proceder más allá del punto de no retorno. Si has descubierto una brecha importante en la realidad, tienes permiso para detenerte y reagruparte.

Por "gran vacío en la realidad", me refiero a las situaciones de las piezas de ficción que incluyen, entre otras, las siguientes:

• La personalidad de tu personaje ha cambiado tan drásticamente que no puede realizar la trama de forma realista tal y como se ha redactado

• La supervivencia de un personaje depende de tus decisiones, y no habías planeado inicialmente escribir una partida mortal

• Estás llegando al final mucho antes de lo que esperabas

• El final original que planeaste es completamente improbable

• El género se te ha escapado, y para seguir la nueva

versión, tienes que investigar más En el caso de los escritores de no ficción, es posible que te encuentres con lo siguiente, y más:

• Su principal argumento se basa en un hecho que se ha demostrado falso

• Al escribir una sección concreta, has descubierto que tienes una distribución de la información muy desigual en comparación con el resto de las secciones

• Estás haciendo el mismo punto y argumento repetidamente, pero no de una manera informativa

• Tus entrevistados dejan de responderte y ahora no tienes ni idea de cómo acaba su historia

Como puede ver, no se trata de meras "situaciones", sino de ocurrencias que requerirían ediciones importantes de todo lo que ha escrito y seguirá escribiendo. Piensa en ello como un interruptor de ferrocarril subconsciente, que guía suavemente tu tren en marcha hacia otra vía sin perder el ritmo.

Puede que hayas pensado que eras el maquinista de este tren en particular, pero ¡sorpresa!

Algo ha ocurrido en el camino, y estás en un lugar completamente diferente.

. . .

Esto no significa necesariamente que deba abandonar el barco y su trabajo. En cada caso, puedes revisar el texto para adaptarlo a la nueva situación, si crees que es para mejor. Eso significa que tendrá que volver a revisar sus planes iniciales y el texto en desarrollo para encontrar todas las partes que se ven afectadas por esta actualización.

A veces, descubrirá que puede unirlo todo simplemente avanzando.

Por ejemplo, en una situación en la que mis entrevistados me hicieron la vista gorda, pude tomar la información que me habían dado en nuestras primeras sesiones, darle la vuelta a la hipótesis del artículo, ajustar un poco mi mirada y crear un artículo aún más interesante gracias a mis cambios. No te rindas. No te sorprendas. Mira tu artículo y piensa: "¿Qué puedo hacer que sea aún mejor?"

Pero a veces, el cambio te toma completamente por sorpresa. No puedes entender por qué un determinado personaje resulta cruel y narcisista porque siempre has pretendido que sea el personaje abnegado. Tu heroína es molesta, y parece que los personajes están cada día menos interesados en la acción ascendente. En el mundo de la no ficción, puede que descubras que prácticamente estás gritando tu texto, tratando de inculcar a tu lector lo importante que es este detalle, o que estás repitiendo frases textuales sin querer. Puede que mires tu libro con mucho miedo, preguntándote ¿cómo demonios ha podido ocurrir esto? ¿Quién ha escrito esto?

En primer lugar, debes saber que esto es muy natural. Puede ser un poco inquietante cuando miras algo que has producido y no se parece en nada a lo que esperabas. A veces, lo que ve el ojo de nuestra mente está completamente exento de réplica en el mundo real, especialmente cuando le añadimos nuestra propia perspectiva.

Suena un poco a miedo o sobrenatural, pero la forma en que te sientes en tu propio mundo puede reflejarse muy fácilmente en lo que escribes. ¿Alguna vez has limpiado la casa con rabia o has fregado los platos cuando estabas muy contento? La forma en que nos sentimos tiene mucho que ver con la forma en que actuamos, y cuando el deber es traducir tu propia imaginación en la palabra escrita... Pues bien, en el camino hacia el papel ocurrió algo curioso.

. . .

Cuanto más escribas, más fácil será evitar este fenómeno porque reconocerás cómo escribes cuando estás enfadado, triste, solo, ansioso o ligeramente achispado de vino blanco.

Habrá cambios sutiles en tu estilo, y la evolución de tu texto empezará a reflejar la forma en que reaccionas en la vida real. Escribimos lo que sabemos, y si tienes un mal día, utilizarás a tus personajes como caja de resonancia, o tus argumentos se volverán un poco más apasionados.

Esta es otra razón por la que te recomiendo que sigas avanzando lo máximo posible. La energía que llevas a las páginas cuando escribes es importante para la productividad, y puede estancarse mucho si sigues avanzando. Si estás tratando algo en tu vida privada, sigue escribiendo, aunque tus conceptos originales cambien. Asimismo, habrá capítulos que te aburran. Sigue adelante para ver qué sale del otro lado. Tu energía es lo que hará que el libro siga avanzando.

. . .

Cuando detienes esta energía para demorarte demasiado en algo que ya está hecho, pierdes el impulso hacia adelante.

Tu energía cambia. El momento se pierde. Mira hacia dónde van las cosas, y si resulta que el giro inadvertido en la estación no fue para bien, decide primero hacia dónde puedes ir en esta ruta.

A la hora de escribir su primer libro, algo cambiará inevitablemente. Puede ser el contenido del libro, o puede ser tu propia perspectiva. No tema el cambio, sígalo. Y cuando esté claro que necesita replantearse, hágalo. Lo que construyas sobre tu estructura actual sólo va a mejorarla.

Pero, por el amor de todo, toma notas al respecto para no perder el hilo de las ideas ni el impulso para continuar.

Quizás este no era el esquema del "proceso de escritura" que querías. Tal vez buscabas a alguien que te ayudara a poner una palabra tras otra. Tal vez querías saber cuáles son los mejores adjetivos, o cómo utilizar realmente los adverbios para dar sabor a tu escritura. Al fin y al cabo, son cosas muy importantes que hay que saber como escritor.

Aunque no estoy en desacuerdo con que la escritura sea un arte con palabras, tampoco siento que deba decirte cómo ejecutar tu arte. Para mí, y para muchos otros que se ganan la vida escribiendo, hay muchas cosas en la escritura que siguen siendo algo espiritual o sagrado. No sé por qué me gusta hacerlo. No sé por qué siempre me ha resultado tan fácil. No puedo decirte a dónde va mi cerebro, o de dónde vienen las palabras, o cómo sé exactamente cómo quiero organizar las cosas. Cuando un personaje está dialogando, no sé quién está hablando realmente con quién a nivel subconsciente. Lo que sí sé es que no puedo imaginar una forma de obligar a alguien a dejar que su cerebro fluya en la palabra escrita. Sólo tienes que aceptar que es tu tarea y probarlo.

Y ese, más que nada, es mi principal consejo con respecto a la escritura: Inténtalo. No mires lo que has escrito y digas: "Oh, es una mierda, y nunca lo mejoraré". La primera vez no está destinada a ser buena. Las primeras páginas serán incómodas. Podrás ver las grietas en las que puedes haber tropezado y haberte equivocado un poco porque no estabas muy seguro de lo que estaba pasando. Tal vez te vuelvas hiperconsciente y consciente de ti mismo y empieces a hacer el equivalente literario del tartamudeo. No pasa nada. Eso ocurre siempre. De hecho, para eso está la fase de edición.

Si esperas producir un contenido ganador del premio Nobel la primera vez que intentas escribir, entonces te invito formalmente a que te superes. Primero escribe, luego perfecciona. Haz el libro, luego haz el mejor libro.

No estoy diciendo que seas perezoso - siempre da tu mejor esfuerzo y toda la energía que puedas reunir - pero reconoce que en realidad se espera que vuelvas atrás y hagas cambios.

En el próximo capítulo, aprenderemos que "editar" es mucho más que una "palabra de cuatro letras", a pesar de que contiene cuatro letras. El cambio es bueno. Las ediciones se esperan. Tienes la oportunidad de limpiar toda la casa antes de que venga tu empresa, así que aprovéchala.

7

La etapa de edición

SEGÚN EL DICCIONARIO, la definición de la edición es:

a: preparar (algo, como material literario) para su publicación o presentación pública editar un manuscrito

b: montar (algo, como una imagen en movimiento o una grabación) cortando y reorganizando editar una película

c: alterar, adaptar o perfeccionar, especialmente para lograr la conformidad con una norma o para adecuarse a un fin determinado.

Al leer eso, puede que veas que no hay nada ahí que relacione la edición con ser un escritor inútil.

. . .

Porque no es cierto. La edición no es necesaria porque seas una persona terrible que no merece nada bueno; la edición es una oportunidad para asegurarnos de que lo que hemos escrito es exactamente lo correcto.

De alguna manera, se ha creado la idea de que editar es malo, y que sólo las personas que no son muy buenas escribiendo hacen ediciones. Esto, por supuesto, no tiene sentido. Si te preocupas lo suficiente como para tragarte tu orgullo, abandonar tu ego y releer todo lo que has escrito con la intención de mejorarlo aún más, está claro que te importa mucho tu libro y quieres que sea lo mejor posible.

También, para aquellos para los que la realidad aún no se ha impuesto: Enhorabuena; has escrito un libro.

Cuando se llega al proceso de edición, se ha escrito oficialmente un libro. Ahora tienes que convertirlo en un buen libro, y no deberías verlo como un castigo por no haber escrito un libro a la perfección la primera vez, sino más bien como un privilegio por seguir tu pasión y hacer realidad este sueño en primer lugar. Si puedes pasar por el largo y emotivo proceso de escribir el libro, seguro que puedes volver a hacerlo con un plumero y un poco de pulido.

Recuerda: Escribir un libro requiere tiempo, energía y sentido del humor. Te conviene extender estos rasgos también a través del proceso de edición. Echemos un vistazo a otras cosas que hay que tener en cuenta al entrar y preceder la fase de edición de su libro. Y recuerde: ¡es sólo una fase!

Cómo ignorar tus instintos y editar de forma subjetiva

Es muy común tener esa sensación de hundimiento del estómago cuando se afronta la fase de edición. Al fin y al cabo, vas a enfrentarte a tu propia falibilidad humana. Una cosa es prepararse emocionalmente para el acto de editar, pero otra cosa muy distinta es hacer la tarea.

Hay dos reacciones típicas a la hora de enfrentarse a las emociones que conlleva la primera ronda de edición de tu primer libro:

1. Destrózalo. Destrúyelo todo. Quémalo y empieza de nuevo.

2. Mételo en una caja. Cierra con llave. Tira la llave. Entierra la caja.

Ninguna de las dos cosas te va a ayudar. Por lo tanto, tienes que aprender a ignorar tus instintos y simplemente editar tu libro.

Hay diferentes maneras de hacerlo. Si has llevado un diario de escritura, una de las primeras cosas que puedes hacer es leer el diario y, a continuación, revisar todas las partes a las que has hecho referencia. Asegúrate de que el pelo de April es del color correcto en todo momento. Asegúrate de que el caballo de Billy the Kid no está desbocado a lo largo del texto.

Si has cambiado un punto de la trama o un argumento en la parte media o posterior del libro, asegúrate de que todas las referencias anteriores se han actualizado también. Para los que utilizan un programa de procesamiento de textos, la función "Buscar" puede resultar muy útil en este caso.

Los lectores pueden perdonar muchas cosas y suspender su incredulidad significativamente, pero las incoherencias son simplemente molestas. Evite molestar a su lector. Haga una lectura de su libro con la intención específica de asegurarse de que todo es coherente de un capítulo a otro. Y por "todo", quiero decir realmente todo. He aquí algunos ejemplos de cosas que hay que comprobar al evaluar la coherencia de su texto:

• ¿El tono y la voz son los mismos a lo largo de todo el libro, o esa energía de estar en un estado de ánimo diferente se filtró, como mencioné que podría hacerlo?

• ¿Se mantiene el narrador o el punto de vista del texto?

• ¿Son precisas todas las menciones de lugares o escenarios? (esto es igualmente importante para las obras de ficción y de no ficción).

• ¿Se escriben todos los nombres de la misma manera en todo el texto, o se hacen anotaciones cuando los nombres pueden cambiar a propósito? (Ejemplo: Las referencias a los miembros de la realeza son una situación en la que los individuos pueden tener un nombre de pila, un apodo familiar, uno o más nombres titulares, etc.

Deje que los lectores los conozcan todos, para que no sea confuso cuando se cambie entre ellos).

• ¿Todos los detalles personales, como la apariencia externa, la vestimenta/el estilo, la personalidad y otras características de identificación son invariables o estos detalles cambian adecuadamente en el momento adecuado y permanecen cambiados hasta que se especifique lo contrario?

• ¿Su tratamiento de los distintos temas o escenarios se ajusta a lo largo del libro?

• ¿Hay algo que mencione en algún momento de su introducción o tesis que desaparezca inmediatamente?

Básicamente, lo que quieres es leer tu libro y no pensar ni una sola vez: "Espera, ¿qué pasó con ___?". Ya sea que ese espacio en blanco se llene con una referencia histórica importante, el nombre de un personaje, un tatuaje reconocible, un perro, un entrevistado, un recurso significativo o una parte de tu argumento, no lo dejes colgando.

Entonces, ¿cómo se limpia? Empieza por evaluar.

¿Realmente necesitas que eso que rellena el espacio en blanco exista en primer lugar? ¿Qué tipo de esfuerzo en forma de reescritura será necesario para restablecer la coherencia? Si bien es posible que pueda deshacerse del detalle desagradable, puede ser salvable. De hecho, es posible que tomarse el tiempo de hacer algunas reescrituras considerables para explicar la incoherencia no sólo eliminará la confusión, sino que reforzará su trabajo por completo.

Casi todos los escritores han tenido un momento de vergüenza ajena en el que han descubierto una gran metedura de pata o un error, pero lo han incluido en el texto con gran éxito.

Una vez que tengas un texto completo y sin hilos extraños que no lleven a ninguna parte, es el momento de abordar el lenguaje y la gramática. Si utilizas un programa de procesamiento de textos, lo más probable es que las erratas sean mínimas, a no ser que cometas errores que realmente tengan sentido. En algún momento tengo que enviar a mis editores una cesta de frutas porque me han pillado en el acto de cosas que legítimamente no tienen sentido porque Google Docs autocorregía mis errores tipográficos a algo similar pero no correcto. Querrás encontrarlas antes de lanzar tu libro al mundo exterior. Incluso si no tienes intención de que tu texto vea una amplia distribución, querrás evitar que todas las personas que lean el libro digan: "¿Sabías que en la página 113 has utilizado la palabra "iluminación" en lugar de "rayo"?"? Y sí, es un ejemplo real de mi propia carrera: el error apareció en un manual conmemorativo para un evento único, y pensé que nunca me recuperaría de mi shock y decepción por mi error. Pero lo hice.

Llegados a este punto, ha descubierto y corregido todos los errores y omisiones evidentes.

· · ·

Si se trata de un proyecto de poca envergadura, puede seguir adelante y continuar con la distribución de su proyecto ahora, ya sea imprimiendo folletos para sus amigos y familiares o enviando un archivo a sus seres queridos. Sin embargo, si quiere dar un gran golpe de efecto con su primer libro, es el momento de llamar a un tercero para que lea y evalúe su texto. ¿Suena aterrador? Es absolutamente aterrador, al menos las primeras veces. Pero que un lector beta o un equipo de edición destroce tu libro es mucho menos deshumanizado que leer críticas negativas. Confía en mí.

8

La importancia de los lectores externos

SI TE PREOCUPA DEJAR que otras personas lean tu trabajo, imagina cómo me siento yo ahora mismo.

Estoy escribiendo un capítulo sobre la edición que será editado por mis sufridos editores. Eso sí que es trabajar bajo presión.

La verdad es que a mí, personalmente, me encanta que mi trabajo llegue a los editores y lectores beta. Me siento como si escribiera en un vacío, escribiendo cosas que sólo yo querría leer, así que tener un equipo de limpieza que haga que lo que escribo sea adecuado para el consumo público es un gran alivio para mí. De hecho, si un manuscrito llega sin haber sido desmenuzado, subrayado y anotado, me entra la paranoia de haber hecho algo mal.

El propósito de un editor es captar lo que se ha perdido. Un editor ideal debe tener una sólida formación lingüística y gramatical y entender los distintos formatos actuales de los artículos de ficción y no ficción. Yo estudié en la década de 1980. Los estilos que utilizábamos entonces hace tiempo que desaparecieron, y las guías gramaticales que me llevaron a sacar buenas notas en literatura y redacción están ahora ridículamente desfasadas. Intento mantenerme al día, pero luego lanzo un libro súper casual, cándido y conversacional como éste, y mis pobres editores sufren tratando de hacerlo encajar en un formato. Me gustaría hacer notar que siento mucho, mucho, su sufrimiento, aunque es probable que eliminen uno de esos "mucho" por ser redundante.

Los lectores beta, en cambio, están ahí para asegurarse de que el texto funciona. Pueden aportar correcciones de edición y de formato si es necesario, pero el objetivo principal de un lector beta es asegurarse de que el libro funciona antes de que nadie lo vea. Al igual que un amigo de confianza que evalúa tu pelo, tu maquillaje y tu ropa antes de salir de casa para una fiesta importante, el lector beta se asegura de que no se te note el desliz y de que no tengas los dientes pintados, metafóricamente hablando.

El propósito de un editor o lector beta es acercarse a su libro de forma objetiva, sin ningún tipo de sesgo o noción preconcebida.

Por lo tanto, es posible que no quieras que un amigo cercano, un compañero de casa o tu pareja sea tu primer lector, a menos que sea muy bueno separando el arte del artista. Lo que quiero decir con esto es que alguien que te conozca muy bien sabrá tu tono de voz, cómo te comunicas e incluso los matices subconscientes de tu forma de hablar y pensar.

Leerán tu libro con tu voz, lo que será beneficioso para ellos, pero no todos los lectores tendrán esa misma comprensión de tu estilo.

Si un editor o un lector beta ha hecho un trabajo muy minucioso, compartirá su propia visión sobre lo que le gusta de tu libro y lo que no le ha funcionado. Te recomiendo encarecidamente que tengas en cuenta esta información. Salvo algunas excepciones, no comparten sus opiniones y recomendaciones para ser mezquinos, sino porque han descubierto oportunidades para hacer tu libro aún más fuerte. Deja que tu alma y tu ego descansen en paz, sabiendo que no se trata de un ataque, sino de una invitación de un amigo con ideas afines para hacer las cosas aún mejor de lo que son.

Es fácil, como escritor, escribir desde tu propio punto de vista y entendimiento sobre un tema.

Desgraciadamente, eso hace que se asuma lo que el lector ya sabe y entiende. Rara vez estas cosas son universales. Por lo tanto, cuando un editor o un lector beta señale que el salto de un punto a otro no tiene sentido, no te molestes en pensar: "Nadie me entiende como escritor", sino: "¿Qué puedo hacer para que esto sea más claro para mi audiencia?" Recuerda que estás intentando crear una imagen clara de tus intenciones, independientemente de si escribes ficción o no. La claridad es la mejor manera de conseguir que tu lector se suba a bordo, así que si los que están leyendo el libro tienen problemas para seguirlo, no significa que seas un escritor horrible, sino simplemente que tienes que dar algunas explicaciones.

. . .

Soy consciente de que eso puede ser una gran sacudida para el ego, especialmente cuando te has esforzado al máximo y es tu primer esfuerzo. Pero antes de que empieces a lamerte las heridas y a jurar que no volverás a escribir, párate un momento y lee realmente los comentarios que has recibido de tu lector externo. Es muy posible que simplemente no fueran el lector adecuado para la tarea. También es posible que se dirigieran a él con un concepto muy diferente de lo que se supone que deben hacer. Cualquier editor o lector beta que se precie dejará un montón de comentarios y opiniones sobre tu trabajo. Al leerlos, podrás saber no sólo lo que piensan objetivamente, sino también lo que esperan de tu obra. A veces -aunque no sea intencionado-lo que quieren que sea tu libro diferirá de lo que hay en la página, lo que provocará toda una avalancha de malentendidos y falta de aprecio.

Una forma de mitigar esto es hacer una prueba con tu lector externo. Envíales unas cuantas páginas. Un capítulo.

Ver lo que hacen con él. Si te responden con comentarios que tienen sentido, entonces tienes una buena pareja y deberías seguirla. Deja que lo hagan y construyan un libro mejor.

· · ·

Por el contrario, sí es evidente que no han entendido el objetivo de la tarea, quizá deban esperar al producto final. Puede que sean personas maravillosas y perfectamente inteligentes, pero al igual que no querrías escuchar un álbum entero de un estilo musical que detestas, obligar a alguien a leer un libro que no entiende es igualmente injusto, y nadie se beneficiará de ello.

Aunque quieras que tu libro tenga el mayor atractivo posible, realmente nada en este mundo es querido por todos.

Mi último consejo cuando se trata de trabajar con editores, lectores beta y personas externas de todo tipo es este: No siempre hay que seguir sus consejos. Al fin y al cabo, este es tu libro, lleno de tus ideas, investigación, tiempo, energía y sentido del humor. En algún momento, tendrás que decidir por ti mismo que el libro que has creado es exactamente el producto que pretendías en un principio.

Y esa parte es lo suficientemente dura como para tener su propio capítulo.

9

Cuándo decir que está
"terminado"

CUANDO ERA joven y estudiaba escritura en la escuela, odiaba lo que nuestro profesor llamaba "semanas de rebobinado". Esa semana, en lugar de presentar una pieza nueva para que la revisaran los compañeros y la discutieran en grupo, debíamos tomar una pieza anterior y hacerla de nuevo. A casi nadie le gustaba. Un compañero, en particular, hacía algo deliciosamente servil, como cambiar la apariencia de un solo personaje de una manera que realmente no importaba para el contexto de la historia y dejar todo lo demás igual. Un escritor disfrutaba reescribiendo su obra para que la letra "e" no apareciera en ninguna parte del texto. Los demás, sin embargo, hojeamos a regañadientes nuestra carpeta para ver qué podíamos convertir sin entusiasmo en una nueva obra.

. . .

Pero la cuestión es que no entendíamos el objetivo del ejercicio.

La razón por la que hacíamos esto era para aprender la lección de que cualquier obra que escribas va a ser un reflejo de quién, dónde, qué y cómo eras en el momento de escribirla. Cuando se hacen revisiones masivas, suele ser porque la versión de uno mismo que lee el libro es notablemente diferente de la persona que lo escribió en primer lugar. Aunque eres bienvenido a hacerlo, debes saber que no estás obligado a hacerlo.

A veces, lo mejor es dejar que una pieza sea. Ha habido muchas veces en que los escritores miran algo y dicen: "Es una mierda. Haré que los editores se encarguen de ello". De nuevo, disculpas a mis editores. Pero luego los editores le echan un vistazo y consideran que no es una mierda en absoluto. Eso es porque somos nuestro peor crítico y no dejamos que las cosas se nos escapen de las manos mientras podamos controlar todo sobre ellas. Suena psicológi-camente profundo, pero muchos de nosotros estamos predispuestos a ser monstruos del control absoluto, y eso está bien.

. . .

Dejar ir un manuscrito es difícil. Lloré de verdad la primera vez que presenté un borrador final, como ya he dicho. Me sentí orgullosa de mí misma, aliviada por haber terminado el proceso y aterrorizada por haber soltado un montón de basura a la comunidad literaria. La verdad es que la mayoría de las cosas que se escriben serán sublimemente disfrutadas por muchas personas, mientras que a otras simplemente no les interesa mucho.

Esto no significa que seas un fracaso. Los comentarios negativos y las críticas destructivas no tienen nada que ver contigo ni con tu talento. Si a alguien le importa de verdad, te dejará comentarios y notas constructivas que pueden ayudarte a mejorar. De lo contrario, sólo son personas miserables que quieren que el mundo sepa que lo han pasado mal.

Piensa en tu artista musical favorito. ¿Sabes cuánta gente odia su obra? Por cada uno de estos artistas hay alguien que odia todo lo que han hecho con una pasión tan profunda que podría atragantarse. Pero eso no significa que no tengan talento y que no merezcan sus carreras. Significa que hay alguien a quien simplemente no le gustan.

. . .

Así que, cuando recibas palabras duras sobre tu libro -ya sea de otra persona o de tu propio cerebro-, déjalo pasar. Es un libro en un vasto universo de libros. Es una experiencia literaria. En algún momento, tienes que dejar de criticarlo y dejar que viva de la forma en que fue concebido.

Eso no significa que haya que desechar por completo cualquier comentario sobre el libro. Si algo es universalmente confuso, es posible que necesite algunos retoques con paciencia. Pero si a la gente no le gusta, puede donarlo o ponerlo en una venta de garaje.

Todo el mundo tiene discos, películas, libros e incluso ropa que una vez les gustó, pero que ahora se dan cuenta de que compraron por error. El mundo sigue girando.

Ya he mencionado que hay que hacer algunas cosas por los lectores, como hacer un libro inteligible. Esa cortesía no se extiende a asegurarse de que adoren absolutamente el libro.

Al principio de mi carrera, edité y leí la versión beta de una persona cuyos libros me parecían realmente espantosos. Me di cuenta de que no era el mejor lector beta para sus libros y nos separamos amistosamente. Adivina quién está trabajando con un equipo para desarrollar su obra para la televisión. Todo tiene un público. No encuentres inspiración en las duras palabras de los detractores; crece con los que ya saben que eres capaz.

Así que, ahora que has aprendido que siempre puedes cambiar cosas y que a nadie le va a gustar todo de todos modos, incluido tú mismo, queda la pregunta que inició este capítulo: ¿Cómo se sabe cuándo se ha terminado el libro?

La respuesta, basada en los hechos, es que el libro está terminado una vez que se ha llegado a un punto en el que se está seguro de que refleja plenamente todas las intenciones que se expusieron en el trabajo previo.

Aunque las cosas hayan cambiado durante el trabajo previo y la escritura en sí, la idea general de escribir un libro decente sobre un tema específico debería seguir siendo la diana a la que has estado apuntando todo el tiempo. Si cada página tiene sentido y aporta algo a la experiencia general del libro y del lector, entonces has terminado. Guarde el archivo. Envíalo.

.   .   .

Imprime. Sea cual sea el plan que tengas con tu libro terminado, ahora es el momento de hacerlo.

Haz un brindis, llama a tus amigos, llora… Lo que sea necesario para liberar todas las emociones y el estrés que has acumulado por el camino.

La versión esotérica de esto es que simplemente lo sabrás. A veces, tras una ronda de ediciones, sabrás que tu libro está listo para volar. Otras veces, estarás tan harto de mirarlo que no te importará si fracasa, siempre que salga de tu escritorio.

Siendo realistas, la lógica que subyace a estos sentimientos es el conocimiento interno de que simplemente no hay nada más que puedas hacer para que el libro esté más listo de lo que está en ese momento. Pero la noción romántica de entender tu libro en un nivel espiritual es un poco más divertida que profundizar en su psicología.

Si vas a publicar tu libro a nivel público, más allá de la distribución a tu círculo íntimo, este no es el final del camino. Puedes alegrarte, llorar y celebrarlo, pero es posible que aún te quede trabajo por hacer. Sigue leyendo para determinar cómo -y si-quieres que tu libro vea la luz.

10

Unas breves palabras sobre la publicación

HACE AÑOS, publicar un artículo significaba enviarlo a imprimir en un formato de libro encuadernado, con tapas brillantes y páginas reales que podían ser groseramente dobladas. Con la llegada de la impresora doméstica, se hizo más fácil imprimir piezas enteras sin que pasaran por el umbral, aunque es difícil decir que usar una impresora doméstica fuera alguna vez "fácil". Los atascos de papel, los niveles imposibles de tóner y el coste del papel y la tinta de la impresora hacían que fuera un proceso poco agradable, pero que, sin embargo, cualquiera con el equipo adecuado podía completar.

Hoy en día, hay muchos caminos para publicar en una variedad de escalas. La dificultad, el estrés y la recompensa de cada método son muy diferentes, y deben considerarse a fondo antes de echar todos los huevos proverbiales en una sola cesta proverbial.

Cada uno de los métodos para publicar que voy a mencionar merece su propio libro, pero por ahora voy a repasar cada uno de ellos. Hay varias razones para ello. En primer lugar, no quiero que nadie sienta que publicar es obligatorio. Escribir sólo por placer sigue siendo algo muy real, y quiero que cualquiera que intente escribir un libro sienta que éste puede ser nuestro pequeño secreto. Además, el mundo de la publicación es tan volátil que no podría hacerle justicia sin escribir un extenso volumen. Además, los métodos cambian constantemente y pueden ser diferentes de un lugar a otro, de una persona a otra o de un sitio web a otro. Es un negocio con muchos matices, así que en lugar de ofrecerte detalles que puedan ser inexactos, te daré lo básico y te indicaré la dirección de información más autorizada.

Escritura fantasma

La escritura fantasma es un término utilizado para describir una situación en la que una parte contrata a otra para que escriba sobre un tema concreto en su nombre. Mucha gente busca escritores fantasma, especialmente aquellos que buscan a alguien que plasme en palabras escritas sus propios consejos o la historia de su vida. Como escritor novel, esto puede ser beneficioso porque otra persona te orienta, y ese cheque colgante más allá de la fecha de entrega puede ser un gran incentivo... siempre y cuando estés seguro de que puedes cumplir con el compromiso.

Pros:
- Todo lo que tienes que hacer es escribir y editar
- Sin política, sin agentes
- Es probable que te paguen
- Si el libro se hunde, nadie sabe que fuiste tú quien lo escribió

Contras:
- Normalmente no se puede elegir el tema
- La persona que solicita el escrito puede tener requisitos muy específicos, como un plazo de entrega
- Ninguna comisión
- Si el libro funciona muy bien, nadie sabe que lo has escrito tú

Autopublicación

· · ·

Hay muchas posibilidades de autopublicar tu libro, así que tómate el tiempo de explorar tus opciones para encontrar la que mejor se adapte a ti y a tus objetivos. En este método de publicación, usted contrata a editores y diseñadores para dar formato a su libro y luego lo envía para su publicación a través de una empresa que estrictamente imprime su libro por encargo.

Muchos centros de publicación tienen un número mínimo de libros físicos que imprimen a la vez, pero los libros electrónicos autopublicados son muy populares.

Pros:
• Puedes imprimir cualquier cosa, en cualquier momento
• No es necesario imprimir millones de ejemplares
• Puedes ganar comisiones, dependiendo del método de distribución o del sitio que utilices
• Puedes hacer cambios en tu libro en cualquier momento, ya que se imprimen por encargo. Sólo tienes que asegurarte de que utilizas el último archivo para futuras publicaciones

Contras:
• Necesitarás tener conocimientos de diseño, o

contratar a alguien que se asegure de que está formateado correctamente para la publicación o distribución de libros electrónicos

• No verás tu cara sonriendo desde la cubierta de un libro en el escaparate de una librería

• No se comisiona a menos que se venda. Todo el marketing y la promoción depende de ti

• Tendrá que pagar por cada copia que se produzca, lo que significa que puede perder dinero al principio

Encontrar un agente/editorial

Esta opción no es para los débiles de corazón ni para los que tienen una autoestima baja o moderada. Esta es la versión más política de conseguir publicar tu obra, pero si estás muy interesado en convertirte en un autor famoso, deberás considerar la posibilidad de buscar un agente.

En este modelo, usted envía su libro a agentes que buscan nuevo material. Los agentes trabajan a comisión, por lo que a cada uno de ellos le interesa aceptar sólo a los clientes que creen que pueden vender. Si un agente no cree que pueda vender su libro, lo rechazará. El rechazo duele, pero no es algo personal.

· · ·

Una vez que haya encontrado un agente, éste presentará su libro a diversas editoriales. Una vez más, sólo aceptarán tu obra si creen que pueden sacar provecho de ella. Si creen que no hay dinero en tu libro, lo rechazarán.

Con el tiempo, su libro se publicará. Se le pagarán derechos de autor, que son un porcentaje de los beneficios de su libro.

Su libro tendrá que vender un determinado número de ejemplares para poder pagar su propia publicación, por lo que sólo cobrará cuando su libro se haya "ganado", o se haya pagado por sí mismo.

Pros:
- No tienes que pagar para publicar tu propia obra
- Se le puede pedir que produzca varios libros
- Ser contratado por una editorial es un gran negocio con un importante prestigio y honor
- No tendrás que hacer nada de lo que se hace, como el marketing, la impresión, los pedidos y el diseño.

Contras:

• Es posible que tengas que renunciar al control creativo. Revise siempre su contrato en detalle

• Es posible que te rechacen muchas veces antes de encontrar un agente y un editor

• Su contrato puede limitar sus derechos sobre su obra original

• Puede que te veas obligado a hacer prensa y firmas (lo que puede ser un punto a favor si te gusta ese tipo de cosas).

Publicar tu obra es a menudo una extraña yuxtaposición de agallas y gloria. He incluido algunos recursos para ayudarte a profundizar en todas y cada una de las opciones que puedan parecer ideales para ti y tus objetivos para tu libro recién escrito.

Conclusión

Así que ahí lo tienes. Así es como se hace. ¡Ve a escribir un libro!

Llegados a este punto, es posible que todavía sientas que no sabes del todo "cómo" escribir un libro. Me gustaría poder decir que hay un proceso paso a paso que es súper fácil de seguir y absolutamente a prueba de fallos, pero realmente no lo hay.

Los lectores ávidos recordarán el viaje de una niña llamada Dorothy a lo largo de un cierto camino de baldosas amarillas. Le guiaron por el camino, pero tuvo que descubrir bastantes cosas por sí misma. A riesgo de lanzar otra analogía, escribir un libro es un ejercicio muy similar de resistencia y perseverancia.

Si tienes una idea general de hacia dónde te diriges y un destino u objetivo en mente, estarás muy bien preparado para manejar cualquier bache en el camino que se te presente, te des cuenta o no.

Puede que ahora mismo sientas que no he podido abordar cada paso, cada posible problema o caída, y cómo salir de él. Desde el punto de vista más pragmático, tienes mucha razón. Pero desde un punto de vista más interno y psicológico, sí lo he hecho. La mayoría de los obstáculos que nos ponen a prueba durante el proceso de escribir nuestros primeros libros provienen del enemigo que llevamos dentro.

Más que nada, los escritores novatos suelen tropezar y ser disuadidos de completar grandes proyectos porque sienten que sería una pérdida de tiempo. No son lo suficientemente buenos para escribir un libro. Una vez empezaron un libro, pero perdieron el interés en él. Decidieron que "parecían tontos", así que lo dejaron. Cuando pregunto a la gente cómo van sus libros, y está claro que no van nada bien, estos son los tipos de respuestas que recibo.

Lo que espero haberte inculcado, más que nada, es que tienes el poder dentro de ti para superar estos obstáculos.

Escribir un libro lleva mucho tiempo, y por eso te lo advertí desde el principio.

Se necesita tiempo, energía y sentido del humor para superar el proceso de escribir un libro, ya sea el primero o el 101º.

Pasarás mucho tiempo escribiendo un libro, pero si ese tiempo es realmente "desperdiciado" es algo que debes decidir. Los seres humanos son muy buenos para encontrar formas nuevas y emocionantes de perder el tiempo y, francamente, si usted sintió que obtuvo algo de él emocional, espiritual, mental, físico, educativo o lo que sea, entonces mi opinión personal es que su tiempo no fue "desperdiciado". Se utilizó de forma atípica para proporcionarte un enriquecimiento personal.

¿En cuanto a si eres "suficientemente bueno"? A estas alturas, deberías ser consciente de que todos somos simultáneamente lo suficientemente buenos y no lo suficientemente buenos. A algunos lectores les encantará. Otros lo odiarán.

La mayoría de los lectores pensarán que está bien y no tendrán mayores sentimientos en un sentido u otro.

Al principio del libro, hablamos de mantener unas expectativas realistas para los libros y de averiguar por qué queremos escribirlos en primer lugar.

Alinear nuestras prioridades mental y emocionalmente cuando se trata de emprender un tomo entero está directamente relacionado con el nivel de energía que ponemos para llevar a cabo la tarea. Apunta más alto de lo que necesitas y te pondrás una presión excesiva, luchando por escribir un libro y, en última instancia, sintiendo que has "fracasado", lo cual es falso. Pondrás demasiada energía demasiado rápido y te quemarás cuando descubras que el proceso puede llevar una cantidad miserable de tiempo y más que el entusiasmo básico. Como ya he dicho, escribir un bestseller es un objetivo extraordinario, pero no te inscribas en la maratón sin haber trotado antes unos cuantos pasos. Eres lo suficientemente bueno; sólo tienes que prepararte para tener éxito.

· · ·

Y luego ese sentido del humor... En algún momento, todo el mundo parece sentir que "parece tonto". Me encantaría leer más estudios psicológicos y sociológicos que examinen por qué quienes se dedican a la creatividad dudan de sus propias capacidades e inteligencia. Mientras tanto, sólo puedo especular y recomendarte que medites sobre estos conceptos para ver si pueden ayudarte a romper algunos bloqueos mentales propios.

Cuando escribes, sobre todo si nunca has escrito antes, utilizas tu mente y tu cuerpo de formas nuevas. Todo es muy desconocido y, a veces, si te quedas mirando una página o una palabra demasiado tiempo, dejas de reconocerla.

No dejes que tu cerebro juegue con tu espíritu. El sentido del humor te llevará lejos en el proceso de escritura.

Cuando te sientas ignorante o empieces a tener pensamientos negativos sobre tus capacidades, tómate un descanso. Investiga un poco para validarte. Lee un libro de un autor que admires.

. . .

Algunos escritores recomiendan leer a un autor de tu género, pero yo encuentro que eso me lleva a la tentación de compararme con el otro autor. Deja que tu cerebro encuentre la inspiración sin disfunciones, es decir, llénalo de información que reavive tu pasión por seguir adelante con este empeño, sin alimentar ninguna autoconversación negativa.

Haz siempre el trabajo previo. A medida que pasa el tiempo y adquieres más experiencia, puede que esta parte del proceso te resulte cada vez más fácil. Después de un tiempo, empieza a parecer menos trabajo y más "la parte divertida".

Permítase realmente volar cuando se trata de soñar su libro, especialmente en los primeros momentos de hacerlo realidad. Empieza realmente a lo grande, y luego permítete entender tu libro y hacia dónde tiene que ir realmente para aclararte.

De hecho, permítase suspender un poco la incredulidad en su propia realidad en estos primeros días de conocer su libro. Me gusta sumergirme en el tema que estoy escribiendo. Si se trata de una marca concreta de coches, por ejemplo, miro fotos, leo la historia del fabricante, incluso paso por el concesionario si puedo. Cuando escribo una obra de ficción, me gusta imaginarme realmente quién es cada personaje. No les doy descripciones arbitrarias, sino que pienso en cómo llevan el pelo (si es que lo tienen). ¿Cómo es su postura? ¿Cómo se mueven? ¿Cómo son sus expresiones faciales? Suena un poco extraño al principio, pero considera cómo tu creencia en esta nueva realidad que estás creando ayudará al lector a introducirse más rápidamente en tu nuevo mundo.

Cuando finalmente te sientas preparado para sentarte a escribir, asegúrate de que estás realmente preparado para comprometerte con esta empresa. Te vas a sentir incómodo en todos los sentidos imaginables de la palabra, al menos durante las primeras sesiones. ¿Estás preparado para atravesar la agonía y perseguir el éxtasis de la escritura?

Más que armarte con un truco que pretende ayudar a los recién llegados a escribir mejor, te proporciono ciertas verdades y expectativas que no se discuten ampliamente, aunque no estoy seguro de por qué se mantiene el secreto.

Cada vez que menciono en la introducción que soy escritor, este detalle se encuentra cada vez con más frecuencia con una broma de autodesprecio sobre cómo la otra parte es "prácticamente analfabeta", o algo por el estilo. Aunque me encantaría que me validaran mis sospechas de que soy la bestia con más talento que camina por este planeta, en el fondo sé que no es cierto.

Además, me entristece mucho que se haya aplastado por completo la confianza de tanta gente cuando se trata de hacer algo creativo. ¿Por qué el nivel de exigencia es tan alto que nadie puede simplemente incursionar en el arte, la música, la artesanía, la cocina o la escritura sin ser extremadamente bueno en ello? No has "intentado escribir un libro" si has escrito tres frases y has decidido que eras un fracaso.

No lo fuiste. Te abrumaste. Te mentalizaste. Decidiste dejarlo antes de que te resultara insoportablemente incómodo.

El proceso de escritura es realmente diferente a todo lo demás. Aunque hay un cierto orden en las cosas, no es una ciencia exacta, con la excepción de algunas formas de no ficción. Si prefiere instrucciones detalladas, tendrá que descubrirlas usted mismo. Al igual que el viaje por carretera de Seattle a Boca, hay una gran cantidad de rutas posibles.

Pero no dejes que esa sea tu razón para no hacer nunca el viaje. Los mapas fueron hechos por personas que hicieron el viaje y averiguaron a dónde ir. La primera vez que hagas este viaje tendrás que hacer tu propio mapa, y eso puede ser ciertamente abrumador. Pero piensa en lo mucho más divertido que será el próximo viaje por carretera, una vez que conozcas la mejor ruta.

Si ganas algo con este libro, quiero que te sientas capacitado para dar el paso y llegar al proceso de escritura. Ciertamente no llegarás al final ileso, pero espero que las páginas anteriores te hayan ayudado a comprender algunos de los peligros que te esperan en el camino. El proceso creativo consiste en la exploración y la experimentación, lo que puede resultar totalmente aterrador para quienes nunca se han adentrado en estas áreas concretas. Consuélate sabiendo que no le va bien a nadie.

Sigue adelante, y vuelve a seguir adelante. Descarta las críticas, pero ten en cuenta las críticas constructivas, incluso las que provienen de tu propia mente.

· · ·

Para los que pretenden distribuir su libro, tenga en cuenta las ventajas y las cosas de las que hay que cuidarse a la hora de editarlo. No se preocupe sólo por los editores y los lectores beta, piense en usted mismo y en su incesante deseo de desmenuzar las cosas hasta la saciedad.

Aprenda cuándo debe hacer las paces con su libro, no con los trozos. Encuentra la manera de soltarlo y dejarlo volar.

¿Cómo te sientes ahora? ¿Preparado para escribir un libro? Ve paso a paso. Cuando te sientas abrumado, haz una pausa. Mantén siempre el impulso hacia adelante. No te metas en tu propia cabeza.

Y, sobre todo: Disfruta de cada momento del proceso creativo. Incluso los no tan bonitos.

Buena suerte. Que tus dedos sean rápidos y tu musa esté siempre cerca.